JN213932

不登校だった子どもを持つ
カウンセラーが伝える
再登校をゴールにしない子育て

不登校って ダメなこと？

カウンセラー 石橋典子

現代書林

はじめに

2005年の春、私は息子を産みました。当時渋谷区に住んでいたのですが、産後に自宅に助産師さんが見に来てくださったときの言葉をいまでも思い出します。

「これからいろんなことが起きてもね、お母さんが『大丈夫』って思っていれば、大抵の場合大丈夫なのよ」

たしかに産後は初めてのことだらけ。どうしたら良いかわからないときも、私はその助産師さんの言葉を思い出して冷静さを取り戻し、困ったときは調べたり人に聞いたりして育児をしてきました。

息子が小2のときに離婚しシングルマザーになったとき、息子に申し訳ない気持ちはありましたが、私自身も母子家庭で育ったので、マイナスばかりではない、人と違う状況でも、「この世で幸せをたくさん感じられる子に育てよう」と決意しました。

こういう心構えが私にあったせいか、息子が学校に行かれなくなったとき、もちろん悩みましたが、絶望的な気分ではありませんでした。

理由もOD（起立性調節障害）とはっきりしていたし、学校に行きたくても行かれない息子を見ていて、「不登校ってダメなことなのか？」「学校に行かないと大人になれないのか？」「勉強より体調最優先で暮らしても良いのでは？」と、思いを巡らせました。

巻末のインタビューのページに登場される方々にも大変お世話になり、私と息子は「体調の良い瞬間にできること」を日々積み重ねてきました。

それが世の中的に「普通」ではないこともわかっていたけれど、息子は体調が悪くても全体的には前向きな気持ちで過ごしていたし、周りの方々の協力や応援もあり、私は自分の子育てに自信を持つことができました。

息子が学校に行かれなかった中学在籍中、私はピラティスインストラクターとカウンセラーの仕事を個人で続けていました。そのうち、学校の先生や知り合いから「同じように悩んでいる人がいるから相談に乗ってほしい」という依頼で、子どもの不登校に悩むお母様方、また子育て全般で悩む親御さんの相談にも乗っていました。

この本の中には、小学生と中学生、それぞれの理由で学校に行かれない子を持つ2つの家族が登場しています。

この物語は、不登校だった子を持つ親として、また同じような悩みを持つ方の相談に乗ってきたカウンセラーとしての経験から、皆様にお伝えしたい内容を含んでいます。

この本は、3年前に出した前著の担当者・現代書林の松島社長から依頼を受けて出版することになりました。実は、自分の子育ての経験を本にして世に出すことはすごく悩み、原稿を進めているときにも、やはり本にするのはやめようかと心の中で葛藤することが頻繁にありました。

なぜかというと、いわゆる「普通」でない子育てをしてきたので、内容を読んだ方の反応が怖かったからです。

ただ、純粋に「こういう人もいる」という例を物語にして、それを読んだ人が「世の中にはいろんな人がいて、みんながそれぞれ生きているんだ」と、そして各人物の前に進む「力」を感じていただけたら嬉しいです。

この本に書いてあることは、「ご自身で参考になるかもと思うことがもしあれば、日々の生活に採用してください」というスタンスで書いています。

このスタンスは私が行っていたカウンセリングセッションと同様です。現在私は個人セッションを行っていませんが、不登校や子育てで悩んでいる方に伝えたいことが書籍という形で、必要な方に届くといいなと思っています。

２０２５年１月

カウンセラー　石橋典子

CONTENTS

第2部

スマホをずっと見ている娘

中学校2年生の陽菜と、ママの恵里菜

第1部

起きられない息子

小学校6年生の翔太と、
ママの沙織

不安と期待の朝

「翔太！　ほら、朝よ。起きて！」

4月某日、朝7時30分。

小学校へ行くには、そろそろ家を出なければいけない時間だ。

だが、部屋をノックしてしばらく待っても、息子が起きてくる気配は一向にない。

ああ、私は何度、この言葉を繰り返しただろう。

大きなため息をつきながら、沙織がキッチンへ戻る。

それにしても、いつからこんな風になってしまったのかしら。

「翔太が学校に行けなくなって、もうすぐ1年か……」

つい独り言をもらす。

沙織は39歳の専業主婦。夫・拓也と小学6年生の長男・翔太、小学2年生の次男・悠太の4人で、東京郊外のT市に暮らしている。

弟の悠太は、迎えに来た友だちと一緒に楽しそうに学校へ行った。

夫はといえば、無言で朝食をかき入れると、さっさと勤め先の不動産会社へ出勤した。

ダイニングテーブルで頬杖をつきながら、沙織は家事をする気にもならず、回想の世界へと逃避していく。

翔太は小さい頃は活発な子だったのに。人見知りもせず、いつもニコニコと機嫌が良かった。家族でよくお弁当を持って近くの公園に出かけ、遊びに来ていた他の子たちと青空の下を走り回って、みんなで笑い転げていたな。母の日には私の似顔絵を描いてプレゼントしてくれたっけ。懐かしいな……。

そんな平穏な日々がずっと続いていくと、沙織は疑いもなく信じていた。

翔太が突然、学校へ行くのが難しくなったのは、小学5年生のゴールデンウィーク明けだった。

「頭が痛い。今日は休む」
翔太はこう言ってベッドから起きてこなくなった。

そんな日が最初は週に一度だったが、それが二度、三度とだんだん増えていった。

それでも最初のうちは、無理やり起こして学校へ送り出していた。嫌々ながらでも、翔太が学校へ出かけてくれるとひそかにホッとした。責任から解放されたような気分だった。

やがて、強制的に学校へ行かせることもできなくなってきていた。

もしかしたら、頭が痛いというのは言い訳じゃなくて、何か重い病気にかかっているのかもしれない……。

急に心配になってきた沙織は、翔太が小さい頃から風邪を引いたときなどにかかっている近所の小児科クリニックへ１人で相談に出かけた。

頭が痛くて起きられないと言う翔太を無理に連れて行くわけにはいかなかった。

「息子がゴールデンウィーク明けから、毎朝『頭が痛い』と言って起きられず、学校に行けなくなったんです。何かの病気なんじゃないかと心配で……」

悲痛な眼差しで訴える沙織に対し、医師の反応はのんびりとして、まったく素っ気なかった。

「息子さん本人に来てもらわないと診断のしようがありませんね」

「頭が痛くて起きられないし、だるそうで動けないものですから、受診するのはちょっと難しくて」

「そろそろ難しい年頃になってくるし、いろいろ感じるところがあるんじゃないですか。学校で友だちと嫌なことがあったとか、先生にこっぴどく叱られたとか」

「何も話してくれないのでそれはわかりませんが、本当に具合が悪そうなんです」

「今年はゴールデンウィークが長かったし、怠け癖がついたんじゃないですか。最近、子どもの五月病も多いらしいですよ。それに、誰だって一度や二度、学校に行きたくなくなることなんかあるでしょう。私だってときどき学校をサボりましたよ」

「そんな……」

「それはともかく、頭が痛いことと起きられないことの原因に何か思い当たることはないんですか」

「夜遅くまでゲームをやっているので、もしかしてそのせいなのでしょうか」と思いついたままに言う。

「ああ、それで寝不足なのかもしれませんね。それに、ゲームなどの画面を見続けて目を酷使すると、緊張型頭痛を起こすことがあります。できたら、ゲームをする時間を減らすように話してみて、少し様子を見てはいかがですか」

医師のアドバイスは通り一遍だった。情報が少ないので仕方がないとはいえ、ほとんど世間話をするような軽い調子だった。

親身になってくれていない。そんな印象を受け、沙織は落胆した。

結局、期待していた答えは何も得られなかった。

やっぱり、本人を連れて行かないと。

数日後、沙織は、ネットで調べて見つけた脳神経外科の頭痛外来を受診することにした。

面倒がる翔太を抱えるようにして何とかタクシーに乗せ、病院へ。

問診、診察の後、血液検査や尿検査、血圧測定、頭部MRI検査などを受けた。

その結果――。

「脳に異常は見つかりませんでした。原因は不明です。思春期で自律神経が不安定になっているのではないでしょうか。食生活の乱れも原因かもしれません。しばらく様子を見ましょう」

痛み止めを処方され、それで診療は終了だった。

翔太は頭が痛いと言っているのに「異常なし」なんて、どう考えてもおかしい。沙織は医者や病院というものが信用できなくなっていた。

病気ではないのなら、原因は一体何なのだろう？

異常がなければないで、さらに言いようのない不安にかられたが、実はまだ淡い期待を抱いていた。

そのうち、何事もなかったように以前のようなあの子に戻り、学校に行ってくれるわよね。

沙織は自分に都合良く考え、まだどこかで未来を楽観していた。

だが、翔太が登校する間隔はだんだんと空いていき、やがてまったく学校に行かなくなった。

どうしてうちの子が……。これから一体どうなっちゃうんだろう。勉強も遅れてしまう。

でも、こんなこと誰にも相談できないし……。

沙織は不安に押しつぶされそうだった。

不登校——。

もちろん、何となく話には聞いていた。だけど、自分の子どもとは関係のない話だと思っていた。

不登校児童生徒数の推移のグラフ

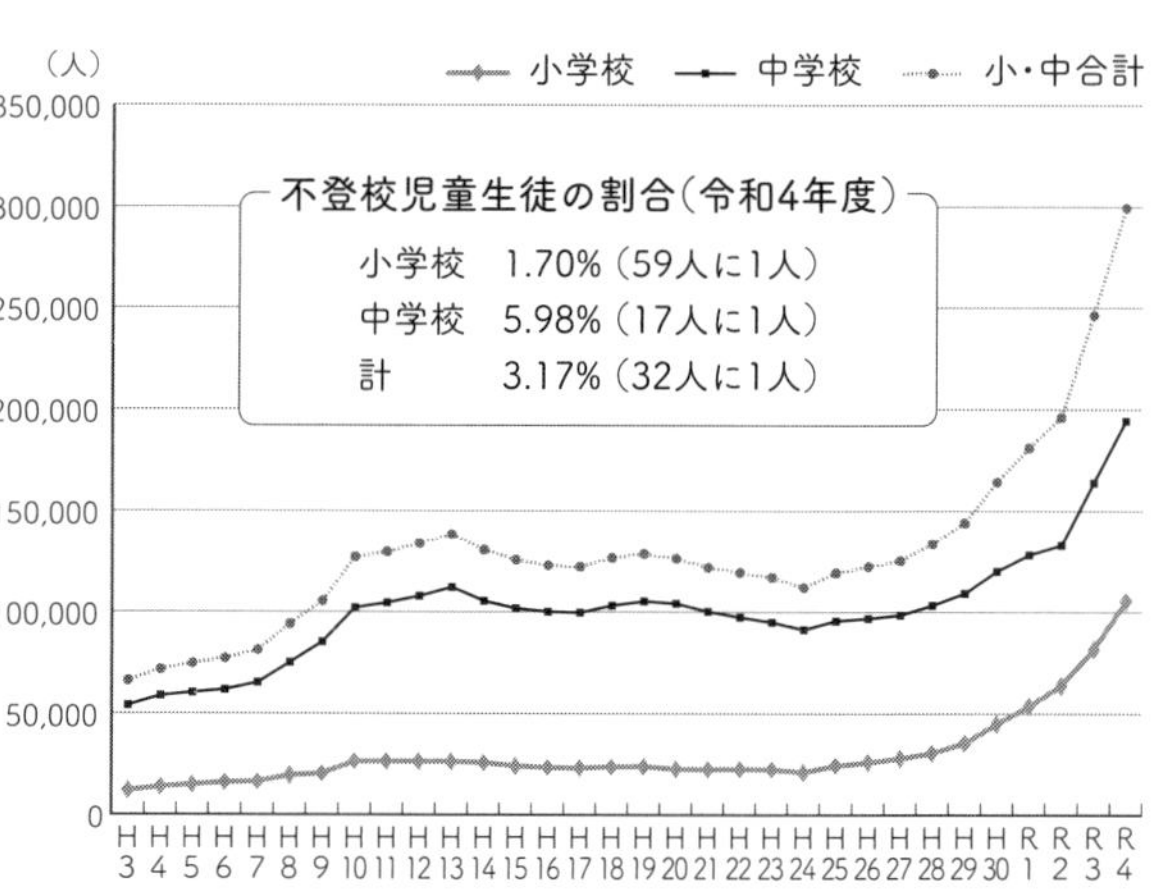

学年別不登校児童生徒数のグラフ

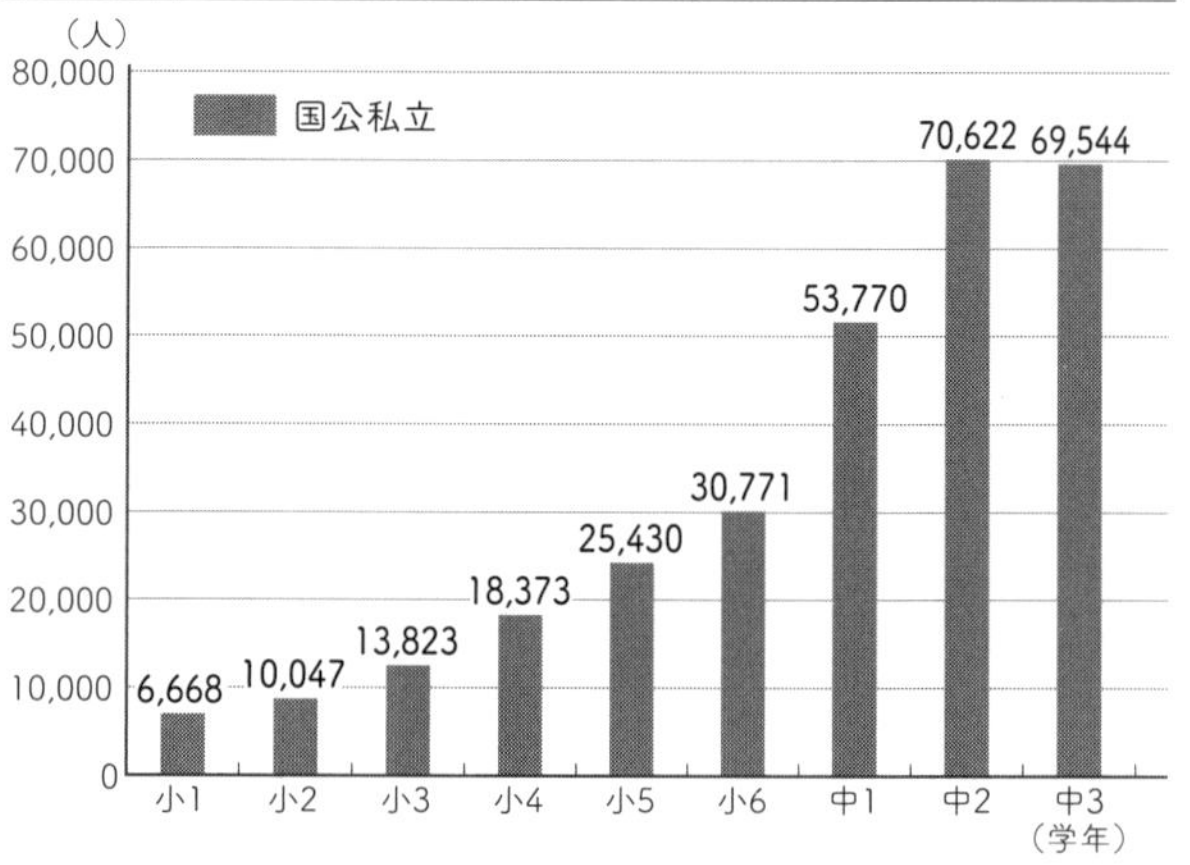

出典：文部科学省「令和4年度 児童生徒の問題行動・不登校等生徒指導上の諸課題に関する調査結果」

２０２２年度の不登校の小中学生は全国で29万９０４８人と過去最多。小学生10万５１１２人、中学生19万３９３６人だった。どちらも10年連続で増加しており、小学生の不登校は10年前の約5倍、中学生は約2倍に増えている。

児童生徒全体に占める不登校児童生徒の割合は、全国平均で小学校１・７％（約59人に１人）、中学校６・０％（約17人に１人）であり、とくに小学生の増加率が高い。

不登校はすでにレアケースではなくなっている。

沙織は、20代の頃はある地方銀行の東京支店で働いていた。忙しかったけれど、それなりに充実した毎日を過ごしていた。その後、結婚を機に退職した。以来、仕事には就いていない。

子どもが幼稚園に通っていた頃は、それなりにママ友たちとの付き合いもあった。子どもを幼稚園に送った帰りに、ママ友とカフェに寄って、子育ての苦労や夫の愚痴などお喋りをする機会もあった。

だが、翔太が小学校高学年にもなると、そうした交友関係は減っていった。いまは、話す相手といえば家族と数人のご近所さんだけ。人間関係は極端に狭くなってしまった。

沙織は真面目で几帳面なのは取り柄だが、神経質で心配性。ちょっとしたことが気になってしまい、いつも周りの目を気にしている。

私のそんなところが翔太に遺伝してしまったのかしら？

ついそんな風に考えては、また1人で落ち込んでしまう。

マイナス思考が頭をよぎり、そして、現実に戻る。

そうだ、学校へ欠席の電話をしなきゃ……。

そう思って、また憂鬱になった。

スマホのダイヤルボタンを押そうとするが、つい手が止まってしまう。

「今日も休ませてください」と学校へ連絡するのが、いまの沙織にとって最大のストレスになっていた。

それから2週間が過ぎた。

翔太は相変わらず、毎朝「頭が痛い。今日も休む」と起きてこない。

その日、夫・拓也は普段よりも早い20時過ぎに帰宅した。いまがチャンスと思った沙織は、夕飯を食べている夫にこう切り出した。

「ねえパパ、翔太が学校へ行かなくなって、もう1年になるのよ。このままじゃ、中学にも行けないいんじゃないかしら。どうすればいいと思う？」

もちろん、それまでも折を見て、夫には翔太の様子を伝えてはいた。だが、「そんな時期もあるよ」と、まるで他人事のよう。まったく当てにならなかった。

この日も、ビールを飲みながら、目はスマホに向いたままで、「そのうち行くだろ」と生返事ばかり。

「ねえ、ちょっと真剣に聞いて」

「仕事帰りで疲れてるんだ。その話はまた今度にしてくれ」

「あなたは翔太が心配じゃないの？」

夫の冷たさに、沙織のイライラは頂点に達した。

いちばん心配なのは翔太の体。もちろん学校よりも、健康でいてくれることのほうが大事。

そんなことはわかってる。でも、悠太は楽しそうに通学しているし、翔太だって前は毎日元気に学校へ行っていたのに。

翔太の同級生には中学受験をする子も多い。「いまがいちばん肝心な時期なのに」と周囲の子たちと比べては、また堂々巡りに陥っていく。

5年生への進級を控えた春休みには、毎年恒例だった夫の実家・仙台のお祖父ちゃん、お祖母ちゃんの家に家族で遊びに行くのをやめて、塾の春期講習を受けたことを思い出す。

このままでは、翔太の将来は一体どうなってしまうのか……。

沙織は、出口のない暗いトンネルの中に、たった1人で閉じ込められていた。

＊＊＊

数日後——。

今朝もまた、翔太を起こしに行く。

部屋の前まで行って、少しためらう。

毎日こうやって起こしに来る私のことを、きっと翔太は鬱陶しいと思っているんだろうな……。

かといって、やっぱり放っておくわけにはいかない。

このままでは私のほうがどうにかなってしまいそうだ。

自分を奮い立たせ、ドアをノックする。

「翔太、起きてる？」

待っても、返事はない。

「ねえ、翔太！」

しばらくすると、ごそごそと物音がして、面倒くさそうな声が聞こえた。

「頭が痛い。起きられない。今日も休む」

「そう、わかったわ。学校は休んでもいいから、朝ごはんだけでも食べなさい」

「いらない」

「食べないと体をこわすわよ」

「だから、いいって！」

「毎朝、翔太のために朝食を用意してるママの身にもなってちょうだい！　お願いだから少しでも食べて！」

それきり、どれだけ声をかけても、返事は戻ってこなくなった。

キッチンへ戻った沙織は、ラップをかけておいた翔太のための朝食のおかずを冷蔵庫へ入れる。いつ息子が起きてきてもいいように、炊飯器は保温のままにしておく。

あとはもう何をする気も起こらず、またリビングの椅子にぼんやりと腰かけて、いつものように自分の想いの中へ降りていく。

そういえば最近、翔太は私とまともに会話もしてくれない。

体調が良さそうな日はリビングに出てくるが、沙織が話しかけようとすると、さっさとまた自分の部屋に戻ってしまう。

一体、何を考えているんだろう。私のことが嫌いになったんだろうか……。でも、母親なんだから、子どものことを心配するのは当たり前。嫌われてもいい。翔太がまた前のように学校に行ってくれるようになるなら。

そして沙織は、ふと思い立ち、宝物にしている「育児ファイル」から、翔太がかつて母の日に描いてくれた似顔絵を取り出して、じっと見つめる。

こんなときもあったのに。あの頃に戻れたら……。

涙がこぼれた。

「……あ、洗濯物」

洗濯機に入れたままになっているのを思い出した。

「干さなきゃ」

そして、翔太のTシャツを物干しにかけようとして、思わず手が止まる。

こんなに大きくなったんだ。

沙織には何となくわかっていた。

いつまでも無邪気な子どものままじゃない。あの子だって、自分の世界を持ち始めているし、いろいろ悩みだってあるだろう。でも……。

頭では理解しているつもりでも、心が追いついていなかった。

このままでは中学にも行けないかもしれない。もちろん高校も大学も。そうなったら、翔太はどうなってしまうのか。……ああ、私は何をしたらいいんだろう。

昔は学校に行くのなんか当たり前だった。私だって何の疑問もなく、楽しく通っていた。

でも、いまはそんな時代じゃない。わかってる。学校だけがすべてじゃないって。

有名大学を出て一流企業に就職しても、幸せな人生とは限らない。

翔太が大人になって自分の道を見つけ、こんなこともいつかは思い出話になるのだろうか……。

沙織の心の中には不安しかなかった。

それにしても、パパは私がこんなに大変な思いをしていることをわかっているのか。翔太のことが心配じゃないのだろうか。「仕事、仕事」って、ただ逃げてるだけのくせに！　そもそも、毎晩帰りが遅いのはほんとに仕事なのかしら？

夫への不満も、そのまま2人の息子への過度な執着につながっていることに彼女は気づいていなかった。

話を聞いてくれる人もいない。そもそも、こんな話、昔のママ友にだって言えるわけがない。ああ、なんで私、仕事を辞めちゃったんだろう。

沙織は、自分が世界にたった1人で取り残されていると感じていた。

だが、それ以上に疎外感を感じている翔太の気持ちを、いまの彼女は想像することができなかった。

＊＊＊

そろそろ5月を迎える。

空は青く、陽射しはすでに真夏の気配を漂わせていた。近くの公園の新緑は目にまぶしいほどだった。街をゆく人々の表情もどこか浮き立っている。

だが、沙織には、そんな1年でいちばん美しい季節への移り変わりを心地良く感じる余裕はまったくなかった。

今朝も翔太は起きてこない。悠太と夫はとっくに出かけた。

「さて、そろそろ片付けなきゃ」

沙織は誰にともなく声に出して気力を奮い立たせ、悠太と夫、自分の3人分の朝食の食器を洗い始めた。

最近、家事をするときは、気晴らしにスマホのアプリでラジオを聴くのが沙織の習慣になっていた。

そのとき、スマホから聞こえてきたラジオのゲストの声が何となく気になった。思わず、洗い物の手が止まる。

同じ年齢くらいの女性だろうか？　どうやらカウンセラーで、不登校の相談にも乗っているらしい。

洗い物が終わったら、スマホでちょっと調べてみよう。

翔太の将来が心配。夫は頼りにならない。ママ友にも相談できない。大分に住む自分の母親には、心配をかけるし、孫が学校に行ってないと知ったらがっかりするだけだろうから、翔太の不登校のことは内緒にしていた。

ラジオのカウンセラーの人に連絡してみようかな。でも、知らない人に話すのも何とな

く気が引けるし、どうせフリースクールでも勧められるんだろうな……。

3週間ほど思い悩んだ末、沙織はオンラインでの相談を申し込んでみた。

＊＊＊

スマホの画面越しに初めて会ったそのカウンセラー「のり子」は、明るい髪色のロングヘアの女性。優しそうな印象。

沙織は、何となくカウンセラーという職種に対して「心を見透かされそうで怖い」というイメージを持っていた。そんな先入観はあっさり裏切られた。

ドキドキしながらスマホに向かった沙織の緊張感がふっと和らいだ。

そして、話してみて驚いた。のり子自身、不登校だった子どもを持つシングルマザーだった。

こうして、最初のカウンセリングがスタートした。

沙織はそれまでの不安を吐き出すかのように、一気に話し始めた。

沙織　息子の翔太はもう1年前から、毎朝、頭が痛いと言って起きられず、学校に行けない日が続いてるんです。

子どもの頃から通っている小児科にも行きました。でも、原因がわからないって言われて。緊張型頭痛ではと言われて不安になり、その後、翔太を連れて頭痛外来にも行きました。だけど、やっぱり「異常はありません」とお医者さんに言われてしまって。

のり子 それは心配ですね。

沙織 ええ。翔太の将来のことを考えると焦ってしまって。

のり子 お子さんが不登校になると親御さんが不安で神経がすり減る毎日になり、私自身も本当に悩んだのでお気持ちはよくわかります。

沙織 それと、学校に「今日は休みます」という電話をするのが毎日つらいんです。

のり子 わかります。毎日電話するのはストレスですよね。
私の場合は、逆に「登校できるときだけ連絡します」と先生に提案したところ、学校から許可を得ることができました。

起立性調節障害って？

沙織 頭が痛いのは、やはり病気のせいなのでしょうか？

のり子 それは何とも言えませんが、私の息子も小学5年の頃から頭痛が始まりました。内科と頭痛専門クリニックを受診したら、食べ物も影響しているかもしれないと言われました。それで、食を見直して、グルテンフリー生活を始めました。

ただ、それで頭痛の頻度は少し減ったのですが、その後朝起きることができない、体が動かないという症状が出始めたんです。立っている時間が長くなるとふらついたり、しゃがみ込んだりもしていました。

翔太が起きてこないと、「本当に頭が痛いのか？　ただサボりたいだけなんじゃないか？」なんて、つい考えてしまうんです。原因がわからないから、とにかく不安で不安で……。

沙織　実は、うちの子の場合、病院で検査をしたところ、起立性調節障害（ＯＤ）と診断されました。自律神経のバランスが乱れることで起こる疾患です。

ただ、外から見てもつらさがわからないので、本人はそのつもりがないのに周囲から「怠けている」と言われることもあるんです。

のり子　そうなんですか？　それで、その検査というのは簡単にできるんですか？

沙織　大きな病院へ行ったほうがいいかもしれません。うちの子にもかかりつけのクリニックはありましたが、お医者さんがＯＤの経験があまりない方で、情報も不足していました。当初私にとって信頼できるドクターもいませんでした。

のり子　でも、いまはインターネットで調べられます。お母さんはただ不安になるだけじゃなく、まずは情報収集をしたほうがいいと思いますよ。お医者さんを探してみてはいかがですか？

沙織　でも、翔太もその病気だったらどうしよう……。

のり子　もし、ODと診断されたとしても必要以上に心配しないでください。それに、うちの子の場合、ODの診断書があったので、学校の先生方や習い事の先生などに事情を説明しやすくなり、協力を得ることができました。

沙織　わかりました。病院を探してみます。

のり子　もうひとつだけいいですか。病院へ行くのは午後にしたほうがいいと思います。ODの場合、朝から午前中は症状の強い傾向があるんです。午後になると、少しは楽になるようです。

沙織　たしかに、翔太も朝は起きられなくて部屋から出てきませんが、午後になるとリビングでテレビを見ていたりします。

のり子　ただ、もしODと診断されたとしても、1か所からの情報だけで判断しないほうがいいと思います。
それに、ODがあっても、それだけが不登校の原因だとは限りません。お子さんの体や心のことをいちばん知っているのはお医者さんじゃありません。お母さんです。

沙織　でも私、最近の翔太のことが何もわからなくなってしまって……。

観察日記をつけよう

のり子　そこで提案があるのですが、息子さんの「観察日記」をつけてみませんか？

沙織　観察日記、ですか？

のり子　ええ。その日の季節や天候、症状の出方、起床時間、就寝時間など、お子さんの毎日の様子を客観的に記録していくんです。お母さんの感情や主観は入れずに、そのままを書くのが大事なコツです。息子さんの状態がよく理解できると思いますよ。

ただ、息子さんが監視されていると思ってしまうかもしれないので、観察日記をつけていることは本人にはあえて伝えないほうがいいと思います。もし、何かの拍子に日記を見られてしまったら、「育児日記の延長よ」とか「あなたの健康管理日記なの」と軽い感じで話してください。

1時間の初回カウンセリングはあっという間に終わった。

まずは翔太の観察日記をつけてみよう。病院の情報も調べなきゃ。

沙織は、翔太のためにできることが具体的にわかり、1年ぶりに少しだけ前向きな気持ちになっている自分を感じていた。

そして、1か月後のオンラインでのカウンセリングを予約した。

＊＊＊

カウンセリングの翌日から早速、沙織は観察日記をつけ始めた。

でも、書いてみると、そもそも部屋からほとんど出てこない翔太の様子なんかわかるわ

けがない。

〈7：30　翔太を起こす。今日も起きてこない〉

〈13：00　遅いお昼ごはんを食べて、リビングでだらだらとアニメを見ている〉

〈22：00　自分の部屋へ戻る。だが、またゲームでもしているのか、深夜まで明かりがついていて心配になる〉

あとは書くことがなくなってしまった。

カウンセラーには「主観は入れないように」と言われたが、いざ書き始めると、つい自分の感情の言葉を無意識に並べてしまっていた。

そんなある日のことだ。

珍しく翔太が朝早く起きてきた。

沙織は、「今日は頭痛くないの？　学校に行けそう？」と祈るような気持ちで聞いた。

だが、半ばあきらめてもいた。

予想外の返事が返ってきた。

「……うん」

「ほんと？　じゃ、すぐご飯の用意、するわね」

簡単な朝食を済ませると、翔太はランドセルを背負って玄関へ向かう。

沙織は浮き立つような気持ちで、明るく声をかけた。

「翔太が学校に行ってくれるの、お母さん、嬉しいわ。頑張ってね」

その瞬間、翔太が悲しそうな表情をしたことが少し気になった。

翔太は無言で家を出ていった。

だが、沙織は息子が久しぶりに登校することに舞い上がっていた。

玄関の外へ出て、翔太が見えなくなるまで見送った。彼は一度も振り返ることはなかった。心なしか足取りも重そうだったが……。

きっとそのうち体調も良くなるわよね。そしたら、また前のように毎日学校へ通ってくれるはず。

沙織は、翔太がどれほど自分の状態に不安を感じているか、そして長く休んでいて再登校するプレッシャーや母親の期待に押しつぶされそうになっているか、その複雑な心の内面を想像することはできなかった。

その日、沙織はカウンセラーのアドバイスに従って、ネットでODの診療を行っている病院の情報を集め、良さそうだと思った近所の総合病院に電話をしてみた。

病院の相談窓口に電話をして、翔太の状態や経過などを伝えると、担当医は「もしかすると、起立性調節障害という疾患の可能性があります。一度検査してみませんか」と言った。

やっぱり……。

沙織は検査を受けに行くことにした。

事情を話して、翔太の体調が良さそうな日に改めて電話して受診することになった。

数日後、頭痛が多少は和らぐ午後の時間を選び、タクシーで病院へ向かった。

それでも、翔太は歩くのも立っているのもつらそうだった。だらんとして体に力が入らない状態だったので、病院で車椅子を借りた。

近年の検査のひとつ「新起立試験」は10分間ほど起立したままでいて、数分ごとに心拍数と血圧を測る。

これも翔太にとってはつらい検査だった。

さらに、血液検査など多くの検査があった。注射が大嫌いな翔太は、採血された途端に力が抜けてしまったようだった。

結局、診察や検査に4時間ほどかかった。

すべての診療が終わると、翔太は顔面蒼白になって待合室の椅子に横たわり、手足を投げ出してぐったりとしていた。

ＯＤの場合、立てない、歩けないという状態になることも多く、風邪で病院にかかるのとは訳が違う。受診して検査するだけでもハードルが相当に高い。

そして、検査の結果、翔太にＯＤの診断が出た。

さらに、医師からの説明で、不登校の子にＯＤが多いということを知った。

沙織は、自分なりにＯＤについての資料を少しずつ集め始めた。

日本小児心身医学会のデータでは、軽症例を含めると小学生の5％、中学生の10％にＯＤがあり、不登校の児童生徒の3〜4割にＯＤが併存していると考えられているらしい。ただし、ＯＤなど何かしらの診断がついている場合には、データ上「不登校」にはカウントされず、「病気による長期欠席者」に計上されるので、正確な数字はわかっていないという。

ODは生命に関わる病気ではない。診断は出るので〝病気〟ではあるけれど、むしろ〝体質〟ととらえたほうがいいという。たしかな効果のある治療薬もない。

だが、診断が出れば、それが不登校の一因になっている可能性は小さくはない。教師や保健室の養護教諭など周囲の理解も得られ、その対応も変わってくる。

何より、学校へ行けない理由がわからず、漠然とした不安に悶々としている親にとって、子どものためにできることが少しずつわかってくる。

ただし、ODがあるからといって、必ずしもそれが不登校の直接の原因になっているとは限らない。個人差があり、あくまでもケースバイケースだ。

こうしてある程度ODの知識を得ることができたものの、具体的な対応策まではネットでは見つけられなかった。

沙織は、次の一歩をどう踏み出せばいいのか思い悩んだ。

そうこうしている間にも、日々はどんどん過ぎていった。

＊＊＊

ある日の午前中、翔太が起きてくるのをぼんやりと待ちながら、沙織はテレビの情報番組を見るともなく眺めていた。

すると、「次は不登校に関する最近の話題です」というアナウンサーのコメントが耳に飛び込んできた。思わず、画面に釘付けになる。

それは、2022年9月から東京都K市の公立のD小学校が、不登校児のためにアバター（デジタル空間で自分の分身になるキャラクター）を使った授業を始めたというニュースだった。

全校生徒に1人1台配備されているタブレット端末をある機械（タブレットスタンド）に備え付けると、遠隔操作が可能なアバターロボットになる。

これを使えば、登校しなくても自宅から学校の授業や行事に参加できるのだ。

このアバターロボットが授業や行事に参加するのは、D小学校の子どもたちにとってすでに日常の光景になっているという。

沙織は、デジタル教育の進化に呆気にとられながらも、ふと閃いた。ゲームが好きな翔太のことだ。これを知ったら、もしかしたら興味を示すかもしれない。

沙織はスマホで「不登校　アバター」と入力して検索してみた。いくつかの興味深い情報が表示された。次のようなものだった。

近年、「インクルーシブ教育」というものが提唱されている。これは、病気や障害などの有無にかかわらず、すべての子どもが共に学ぶ仕組みのこと。1994年にユネスコとスペイン政府によって採択された「サラマンカ声明」をきっかけに、世界的に広まりつつあるという。

日本でも、ある一般財団法人により、学校や病院などでその実証実験が始まっていて、全国で20以上の学校がモデル校としてこの試みに参加していた。

ネット記事をそこまで読んで、沙織の仄かな期待は失望に変わった。

モデル校のほとんどは特別支援学校などで、一般の小学校で導入しているのはまだK市立D小学校だけだった。

K市は自分たちの住むT市とは目と鼻の先だ。

だが、翔太の小学校ではもちろん、まだそんな試みは行われていない。

そして、こうも思う。

翔太のようにODが原因で不登校になる子もいれば、いじめやストレスで不登校になる子もいる。病気による不登校は「長期欠席者」とカウントされる。それに、病気などの理由なく1年に30日以上欠席すると不登校と見なされる。〝不登校〟って一体何なんだろう……。

＊＊＊

そうこうしているうちに1か月が過ぎ、オンラインでの2回目のカウンセリングの日がやってきた。

その日の朝、沙織は、のり子に言われたように、これまでに書いた観察日記のスクリーンショットを、前もってメールで送信した。

そして、息子がODと診断されたことも一言書き添えておいた。

観察日記から見えてくるものは？

のり子　観察日記を送っていただいてありがとうございます。読ませていただきました。

沙織　ありがとうございます。ただ、どう書けばいいのかなかなかわからなくて。

のり子　そうですよね。最初は誰でもそうですから。

沙織は何を言われるかちょっと不安になり、黙ってうつむいている。

最初の観察日記

20XX年○月○日(月)　くもり　○℃

・7:30　翔太を起こす。今日も起きてこない

・13:00　遅いお昼ごはんを食べて、リビングで
だらだらとアニメを見ている

・学校に午後からでも行かれるかと思ったけど、
体が重くつらいとのことで休む

・横になりながらマンガ読んでる
・おやつ少し(ドーナツ)

・夕飯は弟と一緒に食べた(ハンバーグ)

・22:00　自分の部屋へ戻る。だが、またゲームでもして
いるのか、深夜まで明かりがついていて心配になる

のり子　よく毎日頑張って書きましたね。ただひとつだけいいですか？　たとえば、この〈今日も起きてこない〉という部分ですけど、〈今日も〉と〈起きてこない〉という箇所にはお母さんの失望の気持ちが強く表れてしまっています。ここは、たとえば〈起床：○時〉とシンプルに事実だけを書いてください。

この観察日記はあくまでも息子さんの状態を正確に知るための日記です。ですから、お母さんの思いではなく、息子さんのその日の行動や出来事だけを淡々と書いてほしいんです。

沙織　たしかに言われてみれば。でも、

カウンセリング後の観察日記

20XX年○月○日(月)　くもり　○℃

・起床：　13:00
・昼食：　フルーツ、トースト、スープ

・低気圧のせいか身体ダルそう　・熱はない

・ぬるめのお湯に入浴（20分）

・横になりながらマンガ　・おやつ（ドーナツ）

・夕飯（母・弟と3人で）19:00
ハンバーグ、サラダ、ごはん

・22:00　自分の部屋へ戻る

・母就寝　23:00　☆就寝時間は次の日に確認

翔太のことが心配で心配で、つい……。

のり子　息子さんのことをそれだけ大事に思っているからですものね。不安なお気持ちはよくわかります。

でも、この観察日記の目的は、お母さんの不安な気持ちを綴ることじゃなくて、息子さんのいまの状況や気持ちをしっかり理解することなんです。

沙織　どうにかして翔太に朝ちゃんと起きて学校へ行ってほしくて、どうしてもその気持ちが抑えられなくて。

のり子　お母さんは、どうして息子さんに学校へ行ってほしいと思うのですか？

沙織　どうしてって、それは……勉強が遅れたら、あの子の将来がどうなってしまうのかと……。

のり子　少しきついことを言いますが、それはお母さんが安心したいからなのではないですか？

沙織　……。

のり子　お母さんが息子さんを大切に思っていることはよくわかります。でも、息子さんの体調や気持ちを考えずに、ただ「学校へ行ってほしい」と思うのは親のエゴではないでしょうか？

沙織は、驚いた表情でのり子を見返す。

エゴ？……。

沙織　……そんなこと、考えたことはありませんでした。

のり子　こんなこと指摘されたらショックですよね。でも、自分では親心だと思っていても、子どもへの行きすぎた愛や過剰な期待が気づかないうちにエゴになってしまっているとはよくあるんです。

沙織　……。

のり子　皆さん、最初は観察日記にどうしても自分の感情が入ってしまいます。でも、そういう〝期待〟が息子さんにプレッシャーを与えているかもしれません。観察日記を書くことで、自分のエゴに気づくこともできるんです。

沙織　言われてみれば、たしかに自分中心に考えていたかもしれません。

のり子　私の経験が少しでもお役に立てばいいのですが、うちの子の場合は、観察日記の記録から、少し体調の良い日には外へ出かけたりもしていたので、そんなときは症状が楽になっていることに気づいたんです。
それで、季節による日照時間や血流が関係しているんじゃないかと思って、できることをするようにしました。家にいて起きられるときは体を温めるためにお風呂に入るようにしたりとか。そういう風に観察日記から、息子さんに対して具体的にできることがわかってくるんです。

沙織　観察日記をつけるのはそのためなんですね。

親の愛？　それとも親のエゴ？

のり子　それで、息子さんがODと診断されて、お母さんはどう思いました？　何か心境の変化はありましたか？

沙織　翔太は小さい頃は本当に元気で活発な子だったんです。小学校中学年までは弟と同じように野球をやっていて、毎日暗くなるまで練習したり、外を飛び回っていました。夏なんか真っ黒に日焼けして。もちろん、大きな病気もしませんでしたし。それがどうして……。

のり子　うちの子もそうでした。また少し息子のことを話してもいいですか？

本人がやりたがって小学2年生から水泳、高学年ではバスケットボールとジャズ（コルネット）を始め、それぞれ楽しみながら結果も出していました。

12歳でODと診断された後もそれらを続けていましたが、そのうちにODが悪化し、学校に行かれる日も減って、それまで続けていたことが思うようにできなくなってしまいました。

沙織　そうだったんですか。私は、どうしても翔太が元気だった頃のイメージが強すぎて、ODと言われて正直やっぱりショックでした。

のり子　子どもは成長するにつれて、隠れていた繊細な部分がだんだん出てくることもあります。

たとえば、私の息子は人見知りもなく、誰とでも打ち解けられるタイプでしたが、あるときから相手によって好き嫌いが出てきたんです。それは大人になってきたからかもしれません。

いずれにしても、どんな風に変わっていっても、どんなことがあっても、自分の子は認めて受け入れてあげよう、そう思うようになりました。

沙織　ただ、翔太が学校へ行かないのは病気のせいだとわかって、変な話だけど、どこか納得している自分もいるんです。

むやみに不安になることはなくなりましたし。できるときに、できることができればいいと少しは思えるようになりました。だから、本当につらそうなときは「無理して行かなくもいい」と翔太に言うことにしました。

のり子　そうですね。大切なことだと思います。学校がすべてじゃないですから。

沙織　ただ、本人も本当は学校に行きたいみたいなんです。朝起きてきて、「今日は学校に行く」って言う日もあるんです。でも、朝ごはんを食べて、着替えて、ランドセルに教科書を入れて、いざ家を出ようとすると「頭が痛い」って。そんなとき私、がっかりしちゃって……。

のり子 もしかしたら、翔太くんはお母さんを気遣って無理に登校しようとすることもあるのかもしれません。とくに男の子は、大好きなお母さんの喜ぶ顔が見たいと思う子も多いですから。

ただ、無理にでも学校へ行ってほしいと思うのは、お母さんが安心したいからじゃないですか？

沙織 病気だとわかっても、学校に行けない状態が続いていることが不安なんです。他のお友だちと同じじゃない状況には変わりないし。もしかして、私の子育てが悪かったのかと……。

のり子 つい周りと比べてしまうんですね。

沙織 ええ。ちょっと前に、翔太の調子のいいときがあって、週に何回か学校に行けたんです。そのとき、思わず私、翔太に「学校に行ってくれて嬉しい」って言っちゃって。

学校に行きたくないなら無理して行かなくてもいい、学校がすべてじゃない、って頭ではわかっているつもりなんですが、つい弟や中学受験で塾に通っている同級生と比べちゃって。何で翔太にあんなことを言ってしまったのか……。

のり子　私にも経験があります。職業柄、息子にかける言葉には注意していたつもりだったけど、登校できない息子に向かって、「今日も行かないんだね」と言ってしまって。

息子に「行きたくても行かれないんだ」と言われ、私はハッとしました。心から反省し、息子に謝罪しました。

沙織　私だけじゃないんですね。

のり子　いちばん後悔しているのは、中1のときに、車なら行けるんじゃないかと思い、本調子ではないのに車で登校させたことです。結局、その体験から息子はPTSD（心的外傷後ストレス障害）になり、学校という場所が怖くなり、その後しばらくして完全に登校できなくなってしまいました。

息子の不登校の最大のきっかけを作ったのは、母親である私だったんです。

沙織　そんなことが……。

のり子　いちばん大切なのは、息子さんの不登校を否定するのではなく、学校に行きたくても行けない気持ちを理解してあげることだと思います。そうすれば、先のことではなく、いまの状況の中で親として何ができるかがわかってきます。

そして、息子さんの体調のことを最優先に考えて行動することで、その姿を見た息子さんはきっとお母さんの愛情を改めて感じると思いますよ。お子さんのつらさを理解して、たとえ周りの人から理解が得られなくても、どうかお母さんだけは味方でいてあげてください。

沙織　わかりました。

不安を1人で抱え込む母親

のり子　ところで、息子さんのことについて、ご主人とはどのようにお話しされていますか？

沙織　夫は不動産会社に勤めていて忙しく、帰ってくるのは早くても20時過ぎ。翔太のことを相談しても、疲れている様子で「そういう時期もあるよ。そのうち行けるようになるんじゃないか。ゆっくり見守ってあげよう」って言うだけで、全然頼りにならなくて……。

のり子 そうですか。息子さんの不登校のことを1人で悩んでいるのは心細いですよね。でも、ご主人の「そういう時期もあるよ」というのは、決して無責任だからではなく、息子さんに対してプレッシャーを与えないようにしているからではないかと思います。

あまり1人で抱え込まず、何かご主人にも協力してもらえる方法を考えてみてください。観察日記を見せるのもいいと思います。

いずれにしても、いまの状況ばかりを考え込んでいても、すぐに解決するのは難しいと思います。お母さんがうつになってしまわないように、ご自身の心身のケアも大切です。たまには、美容院にでも行って気分転換をしてみてはいかがですか。

こうして2回目のカウンセリングは終了した。

沙織は、「翔太が学校に行ってほしい」と思うのは自分が安心したいからであり、翔太のためだと思っていたことが実は自分のためだったと気づかされた。

のり子さんは自身の体験をいろいろ話してくれた。カウンセラーでも、後悔していることがあると、本音で言ってくれた。


沙織は、自分のつらさを解消しようとするばかりで、翔太がどれだけつらく、傷ついているのかをわかっていなかった。

「学校へ行くこと」を無意識にゴールだと決めつけ、先のことばかり考えて、いまの状況でできることを見失っていたのだった。


同時に、親としての器の小ささを思い知った。

観察日記をつける意味もよく理解できた。子どもの状況を正しく知ることができると同時に、隠れていた親のエゴにも気づけるということが。


この日、ようやく沙織は、ほんの少しだけ心がふわりと軽くなったような気がした。

そして、次のカウンセリングも1か月後を予約しようとして、沙織はふと思った。

――できたら、今度は直接会って話してみたい。だけど平日は、夫は仕事。翔太を1人で家に残していくわけにはいかない……。

しばらく逡巡した後、思いきって申し出た。

「あの、次回は対面でお話ししたいと思っています。その日、翔太を見てくれる人を探してみて連絡するということでいいですか？」

「もちろんです。ご連絡をお待ちしています」

＊＊＊

ある晴れた日曜の午後——。

沙織は思いきって、久しぶりに美容院へ出かけることにした。

何か月ぶりだろう。自分の身なりになんて構っている余裕はなかった。髪の毛を少し明るい色にでも染めてみようかしら。

悠太は少年野球の練習に出かけていた。

拓也はゴルフの予定もなく、家で面白くもないテレビに何となく目をやっていた。

翔太も、休日で「学校に行かなきゃ」というプレッシャーから解放され、体調も良さそうな様子でリビングでゴロゴロしている。

そんな翔太を横目で眺めていた拓也は、ふと思いついた。

沙織は美容院へ行くと言ってたから、しばらくは帰ってこないだろう。良い機会かもしれない。

思いきって、息子に声をかけた。

「おい翔太、たまにはパパとどこかに出かけないか？　パパも最近忙しかったから、ドライブにでも行って気分転換したいんだ。天気もいいし、ちょっとだけ付き合えよ」

拓也は、沙織と話すと長くなるだろうし、仕事で疲れてもいるから余計なことは言わないようにしていたが、もちろん翔太のことはずっと気にかけていた。

翔太は面倒くさそうな表情をしている。返事はない。

昔なら「アイスでも買ってやるから」と言えば喜んでついてきたが、いまはそんなわけにもいかないか……。

だが、しばらくして翔太は「うん、いいよ」と応じてくれた。

ドライブに出たのはいいものの、車の中には重い沈黙が漂っていた。

拓也は何から話せばいいのかわからない。

「翔太、車、大丈夫か？　目が回ったりしないか？」

「うん、大丈夫」

「そうか、もし具合悪くなったら、すぐ言えよ」

息子と2人きりなんて何年ぶりだろう？……ああ、俺は何でこんなに緊張してるんだ。後部座席の翔太は、車窓から見える多摩川の風景をぼんやりと眺めている。

拓也は、どう言葉を選ぼうかと少し悩んだ後、とうとう沈黙に耐えきれなくなった。

よし、男同士だ。ここは単刀直入にいこう。

「翔太、学校まだ行けないのか？」

「……うん」

「頭、毎日痛むのか？」

「そうでもない日もあるんだけど、立ったり歩いたりするとフラフラするから、何か外に出るのが怖くて」

「そうか。早く良くなるといいな」

「うん。でも、もう学校に行くの、面倒くさい」

「具合が悪いと、そうなるよな。友だちと連絡とったりはしてる？」

「まあ、ときどきＬＩＮＥとかで」

「心配してるんじゃないか？」

「どうなんだろ。みんな中学受験でそれどころじゃないみたい」

「もう、中学受験の準備か。最近の子は大変だな。パパなんか子どもの頃は何も考えず遊び呆けてたけど。学生時代もほとんど勉強しなかったし、ま、おかげで夢見てた仕事には就けなかったけどな、ハハハ」

「……パパ、仕事って楽しい？」

「う〜ん、楽しいとは言えないけど、忙しくしているのもまあそう悪くはないかって感じかな。それに、こんな俺でも仕事で誰かの役に立っているかもしれないしな。でも、パパだってときどき仕事に行きたくない日もあるよ」

「じゃ、休んじゃえば」

「だよな。だけど、なかなかそうもいかなくてな」

「よく我慢できるね」

「仕方ないよ。ところで最近、ママとは話してる？」

「あんまり。顔を合わせると、『明日は学校に行けそう？』ってウザいから」

「そうか。まあ心配で仕方がないんだよ。小さい頃からママは翔太のことめちゃくちゃ可愛がってたからな。翔太と悠太が本当に大事なんだよ。俺なんかいてもいなくてもどっちでもいいみたいだけどさ、ハハ」

「……」

場の空気を和ませようと放った言葉は、あっさりスルーされた。

翔太はまた目線を窓の外へ向けて黙り込んでしまった。

再び車内には気まずい空気が流れる。

沈黙を破ったのは翔太のほうだった。

「ママに、僕と話せって言われたの？」

「違うよ。日曜で暇だからドライブしたかっただけ。パパだってたまには気晴らししたいんだ。でも、たまには男同士もいいだろ？」

「まあ」

「翔太と2人でドライブなんて、いつ以来だっけ？」

「覚えてない」

「翔太も大きくなったから、なかなかパパとは付き合ってもらえないもんな」

唐突に、翔太が言う。

「パパも僕が学校に行ってほしい？」

「それはまあ……」

「だよね。ママも、僕が頑張って学校へ行けば喜んでくれるだろうなって思うんだ。だから、たまには『今日は起きよう』とするんだけどダメなんだ」

「そうか。体調が悪いのに我慢して行くのはきついよな」

「うん」

「そういえば、お父さんの学校のクラスにも不登校になった友だちがいたよ。あの頃は登校拒否なんて言ってたけど、あいつももしかしたら翔太と同じだったのかもな。昔はＯＤとか、そんな診断名はなかったけどさ」

「そうなの？　で、その人はどうなったの？」

「詳しいことは知らないけど、中学を卒業して、噂ではその後、経営の勉強をしにアメリカへ行ったらしいよ」

「へえ、そうなんだ……」

そう言って、翔太は何事かを考え込んでいる。

それきり、会話はあまり弾まなかった。

さて、沙織が戻ってくる前に帰ろうかな。

そう思った拓也は、小一時間ほどの短いドライブを切り上げて、家に戻った。

リビングでまた2人、ダラダラくつろいでいると、沙織が外出から帰ってきた。

「……おかえり」

翔太が小声でボソッとつぶやいた。

沙織は、思わず目を見開いた。

息子のほうから、そんな風に声をかけられたのは本当に久しぶりだったからだ。

「ただいま」と沙織は嬉しそうに微笑む。

拓也は、久しぶりに沙織の笑顔を見たような気がした。

息子と夫が短いドライブに出かけ、いろいろ話したことなど、もちろん沙織は知らない。

翔太も何も言わなかった。

美容院から戻ってきた沙織は、髪がやや短くなって、前より明るい色になっていた。翔太は、少し雰囲気の変わったそんな母親を興味深そうに眺めていた。

拓也はふと、「翔太を連れ出して良かった」と思った。

何かが少しずつ変わっていくかもしれない。

翔太とはそれほど深い話はできなかったけれど、拓也は漠然とそんな風に感じていた。

＊＊＊

3回目のカウンセリングを受けたいが、沙織はまだ予約できていなかった。

――翔太を見てくれる人を誰か探さなきゃ。夫は……さすがに無理よね。

だが、頼めそうな人は他に思い浮かばなかった。沙織は、相手にされないのを覚悟の上で意を決した。

その日の夜、帰宅して夕食を終え、テレビを観ている夫に恐る恐る切り出した。

「あなた、ちょっといいかしら。疲れているのに悪いんだけど、これを見てくれる？」

そう言って沙織は、カウンセリングを受けていることを夫に打ち明け、カウンセラーに勧められてこれまでに書いた観察日記を差し出した。

また、いつものように「あとにしてくれ」と言われるだろうと半ばあきらめていた。

ところが、なぜか拓也は観察日記を手に取って真剣な表情で読み始めた。

沙織の頭が「？」でいっぱいになる。

最後まで読み終えた拓也は、ひとつ大きく息を吐いた。

そして、唐突に言った。

「俺にできることは何かあるか？」

「……」

「翔太が普段、家でどんな風に過ごしているのか、実はずっと気になっていたんだ」

沙織は思いきって言ってみた。

「次のカウンセリングは対面で受けたいと思っているの。だけど、翔太を1人にしておくわけにはいかないし……」

「それはいつ？」

沙織は事前に、セッションの予約が取れる日をチェックしていた。

「再来週の水曜日に、と考えているんだけど」

拓也はスマホを取り出し、スケジュールアプリを確認している。

「わかった。その日は何とかなると思う。有休を取るよ」

「ほんと？　そうしてくれたらとても助かるわ。誰にも頼めなくて困っていたの。忙しいのに、本当にありがとう」

なぜ夫が突然協力的になったのか、理由はわからない。

だが、沙織は素直に嬉しかった。

そして、夫の気が変わらないようにと願いながら、この話は早々に打ち切った。

すぐにサイトにアクセスし、無事に予約を取ることができた。

＊＊＊

3回目のカウンセリングの日がやってきた。のり子に直接会うのはこの日が初めてだ。

カウンセリングオフィスは東京・神宮前にある。電車を乗り継ぎ、明治神宮前駅へ向かう。都心に行くのは久しぶりだった。

沙織は、ちょっと浮き立つような気分で、神宮前へと向かう。

電車の中で、学校帰りの小学生を見かけた。翔太と同じくらいの年頃だった。友だちと楽しそうに笑い転げている。

ああ……。

やっぱり羨ましかった。心弾む気持ちは一瞬でしぼんでいった。

沙織　初めまして。

のり子　そうですよね、直接会うのは初めてですね。

沙織　全然そんな気はしないんですけど。

のり子　あ、髪……。

沙織　あ、はい。

のり子　綺麗な色！　似合ってますね。

沙織　ありがとうございます。気分転換することを勧めてもらって、思いきってカラーリングしてみたんです。久しぶりでドキドキしましたけど。

のり子　すごくいいですね！

〝普通〟って何だろう？

のり子　では、また観察日記を見せてもらっていいですか。

「うん、うん」と頷きながら、のり子は観察日記に目を通していく。

のり子　とてもいい感じです。前に書いていた日記と比べてみるとわかりますが、いまは息子さんを一歩引いて見ることができていますよ。お母さんはまず子育ての意識が変わったと思います。そして、観察日記をつけることと情報収集して視野を広げたことで、息子さんのことを理解しつつあります。

沙織　そうでしょうか。

のり子　そう思いますよ。ご自分では気づいていないかもしれませんが、お母さんの表情もとっても柔らかくなりましたよ。いま、いちばん不安に感じていることは何ですか？

沙織　やっぱり翔太の将来が不安で。このままだと、学校はあきらめて、フリースクールを選ぶしかないんでしょうか？

のり子　学校はあきらめる、というのはどういう意味ですか？

沙織　え？　だって、学校に行くのが普通でしょう⁉

のり子　お子さんが〝普通〟の進路から外れることが不安なんですね。みんなと同じように、普通のレールに乗せたい、と。
でも、それは裏を返せば、子どもを管理したいというお母さんの願望だと思います。前回お話ししましたけど、それも親のエゴじゃないでしょうか？

沙織は絶句する。

沙織　でも、学校には戻ってほしい。どうすればまた登校してくれるのかって、私はそれだけを思っているんです。

のり子　必ずしも、再登校だけがゴールじゃないと思いますよ。それにＯＤの場合、フリースクールへ行くのも難しいかもしれません。

沙織　そんな……考えたこともありませんでした。

のり子 学校に行けない息子さんを否定しないでください。周りのみんなとはタイミングが違ったとしても、本当に元気になって学校に行けるようなら行けばいいし、仮に行けなくて人と違う人生を歩んでもいいじゃないですか。目先の結果だけを息子さんに求めないことです。心を広く持って、翔太くんを長い目でサポートしていく覚悟を持ってほしいと思います。

沙織 つい、どうしても周りの子たちと比べてしまって。でも……、考えてみれば、翔太の人生は翔太のものなんですよね。

のり子 その通りです。不登校のことに限らず、他の人と比較してしまうのが不幸の始まりだと思います。

前にもうちの子のことをお話ししましたが、息子は中学校へはほとんど行っていません。でも、幸いなことに、釣りという夢中になれるものに出会いました。高校へは進学しませんでしたが、体調の良い日も増えて、ホームフィールドだけでなく各地に釣りに行くようにもなりました。

いまでは3社のスポンサーにサポートしていただき、拠点を他県に移して、釣りの探究をする毎日を送っています。ただ、これはあくまでもうちの子のケースです。どこに道を見つけるのか。それはその人次第です。

沙織　のり子さんの息子さんは、夢中になれるものに出会って良かったですね。翔太はそんな風に、夢中になれること見つけられるかしら……。

のり子　他の方からもよくそのように言われましたが、とにかく体調を優先にしてできることを無理なくすればいいとだけ思って息子を見守ってきました。結果的に息子は夢中になれることに出会えましたが、私は何も期待していなかったし、見つからなかったとしても何か思ったりしなかったと思います。どんな状態でも息子は息子ですから。

沙織　……。

沙織は、この話を聞いて、親のエゴについてまた少し理解できた気がした。

周りの人に状況を理解してもらおう

のり子　ところで、その後、学校の先生とはお話しになっていますか？

沙織　担任の先生が20代後半の男性なんですが、熱心なんだと思うんですけど、週に2回は夕方、家に「翔太くんは元気にしていますか？」と電話があって。「翔太くんに代わってほしい」と言うんですが、息子に聞くと、「電話に出たくない」って。だから、いつも「翔太はいま寝ています」と返答しています。どうしたら、いいんでしょうか？

沙織は、担任教師と足並みが揃わないことに困惑していた。不登校にはならなくても、先生と合うか合わないかは子どもにとって担任は選べない。運不運もある。子どもに少なからず影響を与える。

のり子　お母さんもそろそろ次の段階に進む時期ですね。説明能力をつけて、息子さんのことを周囲に伝えて理解してもらうんです。担任や他の先生たちに息子さんの状況を伝えて、翔太くんのサポーターになってあげてください。

沙織　それは、どうすればいいんですか？

のり子　まず、担任の先生にODの診断書を見せて、息子さんが先生と話したい気持ちになったらこちらから連絡すると提案してみてはどうでしょう。先生からの連絡が親子にとってプレッシャーになっていることをわかってもらうんです。

沙織　そんなこと言えるかしら……。

のり子　これは大切なことです。うちの息子の場合は、中学に入ってから、先生に連絡方法の提案や体調優先で生活していく意志を伝えました。幸い、校長先生や担任の先生からは「学校に来ることをゴールにしなくていい」と言っていただき、私たち親子は恵まれていました。息子の様子を報告するのと、学校からのプリントをもらいに、私は月に1、2回ほど学校へ行っていました。「体調のことで制限があっても、やりたいことをやらせてあげたい」という私の決意を伝えたところ、応援してくださるようになりました。普通の状況よりも先生方と話す機会は多かったので、先生方との信頼関係も深まったと思います。

沙織　私ももっと勇気を持たないとダメなんですね。そういうの、性格的に苦手なんですけど。

のり子　いきなり言おうとすると緊張するので、先生に伝えたい言葉を台本みたいに準備して音読してみてください。翔太くんのためだと思うとだんだん勇気が湧いてくるかもしれません。それと、翔太くんのお祖父ちゃん、お祖母ちゃんにもそれとなく状況を伝えておいたほうがいいと思います。周囲の理解が重要なんです。まずはご自身のお母様に、いまの状況に悩みながらも信念を持って対応していることを伝えて、「いろいろ感じるところはあると思うけど、見守ってほしい」とお願いしてみるのはどうでしょう。

沙織　でも、余計な心配をかけたくないんです。昔の人だから、不登校なんて言ったら何て思われるか……。

のり子　それって、お母さんの思い込みかもしれませんよ。何事も説明次第で状況が良くなることもあるんです。多少プレゼンテーション能力を高めることも大事だと思います。

沙織　私の場合、自分の母に状況を逐一説明することで、逆に心配をかけないようにしました。釣りを始めてからは息子の考えを代弁するようにもしました。そのおかげで母はいろいろとサポートしてくれるようになったんです。わかりました。何とか頑張ってみます。

カウンセリングを終えると、すぐに沙織は夫にＬＩＮＥした。

〈終わりました。翔太の様子はどう？〉

〈こっちは大丈夫〉

〈良かった。ありがとう！　これからすぐに帰ります〉

〈ゆっくりしてきていいよ。久しぶりの外出なんだから、たまにはお茶でもしてくれば？〉

沙織はまたまた驚いてしまった。

――そんなこと言ってくれる人だった……？

だが、沙織は拓也の気遣いに甘えて、ちょっとだけ寄り道をすることにした。

3回のカウンセリングを通して、ようやく前向きな気持ちになれたことも無関係ではなかった。

テレビの情報番組で知ったのだが、渋谷にある韓国スイーツのカフェが最近大人気なのだという。そのお店に寄って、噂の韓国スイーツ・パルミカレを食べながら、ゆったりし

た午後の時間を過ごした。

そして、スイーツがあまりにも美味しかったので、スマホで写真を撮り、インスタに投稿してみた。

沙織は少し前からインスタを始めていた。アカウント名は2人の息子の名前からとった「shouta_yuuta_mama」。

〈今日は子どもの不登校の相談で、初めてカウンセラー・のり子さんのオフィスへ。とても気持ちが軽くなったので、帰りに渋谷のカフェに寄り道。韓国スイーツ・パルミカレが美味しかった！〉

写真にはそんな言葉を添えた。

マナーとして、インスタに投稿する前にＬＩＮＥでのり子からタグ付けなどの許可を得ておいた。

＊＊＊

毎日、学校へ欠席の連絡をするストレスは相変わらず続いていた。のり子が言ったように、「登校できそうな日だけ連絡します」とはなかなか言い出せなかった。

だが、沙織は勇気を振り絞った。

「翔太のことでお話ししたいのですが」

そう担任の先生に電話をして、夕方、学校で会う約束をした。

放課後の校庭では、まだたくさんの子どもたちが楽しそうに遊んでいた。

その声を遠くに聞きながら、沙織は切り出した。

「先生、翔太のことでご心配をおかけして申し訳ありません。いつもお電話をいただいて本当にありがとうございます」

「翔太くん、大丈夫ですか？　最近、様子はどうなんでしょうか？」

「どうしても朝、頭が痛くて起きられないんです。少しは調子の良い日もあるんですが。それに、長く休んでしまっているので、学校へ行きにくくなっているのかもしれません」

そう言って、持参したODの診断書を担任の先生に見せ、詳しく状況を説明した。

「べつに、サボっているわけではないんですが、先生と電話で話すのはプレッシャーになるようなんです。私も、毎日欠席の電話をするのが心苦しくて……」

先生にこんなこと言って気を悪くしたんじゃ……。

思いきって話してはみたものの、沙織はやっぱり少し後悔した。

だが、担任はさほど気にしている様子もなかった。

話していくと、担任の先生は昔同じような生徒を受け持った経験もあり、ODについても少し知識はあるようだった。

月に1回の朝礼で、校長の話が長くなり、倒れてしまう児童も何人か見てきたらしい。担任の先生は、沙織の長い説明に、神妙な面持ちで黙って耳を傾けていた。

聞き終えると、ひとつ大きく息を吐いた。

「まさか翔太くんがODだったとは……。想像が及びませんでした。本当につらかったんですね。知らなかったとはいえ、私も無神経でした。申し訳ありませんでした。お話ししてくださりありがとうございます。また、ときどき翔太くんの様子を聞かせてください」

「とんでもありません。これからもご心配をおかけすると思いますが、どうかよろしくお願いします」

「いいえ、こちらこそ。また前のように、翔太くんの笑顔が見られる日を楽しみに待っていますから。どうか翔太くんによろしくお伝えください。ゆっくりでいいから、と」

学校から帰宅した沙織は、その日の夜、久しぶりに実家の母親に電話をした。

そして、翔太のこれまでのこと、現在の状況について初めて打ち明けた。

最初、母親は驚いていたが、「わかったわ。大変だったのね。沙織も考えすぎたり、自分を責めたりしないで。もし、あなたが倒れてしまったりしたら、もっと大変なことになってしまうから」と言ってくれた。

長く離れて暮らしていても、実の母親だけあって、彼女は沙織の性格をよくわかっていた。

これまではずっと沙織はたった1人、翔太のことで悩んでいた。

思いきって話してみて良かった。

状況をきちんと伝えられたことで、応援してくれる人が少しずつ増えてきた。

＊＊＊

ある日の朝9時。

翔太が朝食を食べに起きてきた。

だが、学校へはまだ行かれないようだ。

沙織はまた少しがっかりしたが、以前ほどの失望感はなかった。


「頭、痛い？」

「うーん、今日はそうでもないかな」

「そう、良かったわ」

「そういえばさ、パパの昔の友だちもODだったのかもしれないんだって」

「えっ！　いつそんなこと話したの？」

「この間、一緒にドライブ行ったとき」

「えーっ！　そんなこと、ママ、知らなかったわ。いつ？」

「うーんと、ママが美容院に行ってるとき」

「あ、そうだったんだ」


沙織にとって、想定外の出来事だった。

まさかパパが翔太と話してくれていたなんて……。

そして、こうも思う。

父親と息子って、母親とは違う何か通じ合うものがあるのかしら。

何を話したのか、もっと根掘り葉掘り聞きたかったが、沙織は踏みとどまった。

ずっと、私は一人ぼっちだと思っていた。だけど、違ったんだ。

心の余裕がなくなると、人は、近くにある幸せをつい見失ってしまうことがある。

翔太の不登校をきっかけに、沙織は本当に大切なものに、いまさらながら気づいたのだった。

この先、翔太に何があっても、家族で乗り越えていけばいい。

沙織は、最後のカウンセリングでのり子が話してくれたことを思い返していた。

「私と息子は、このことを経験して共に進んで行く同士みたいな感じだった」と彼女は言っていた。

そして、「学校の先生や周りの人はプレッシャーをかけず見守り、必要なときに助けてくれた。このような状況にならなかったら出会えなかった人たちがたくさんいる。最初は苦しいときもあったけれど、貴重な体験をさせてもらっているととらえていた」と。

私もいつかそんな風に思えるだろうか？

沙織は自分では気づいていなかった。以前よりも自己肯定感が高まり、視野が広がったことに。

いままでは拓也と観察日記をシェアし、夫も積極的に協力してくれるようになった。沙織が出かけていて拓也が家にいるときは、パパが日記をつける。その日記を通して、拓也との会話も増えていった。

再登校はまだ難しかったが、翔太の未来のことも前向きに考えられるようになった。

＊＊＊

第 1 部

起きられない息子

小学校6年生の翔太と、ママの沙織

じめじめした梅雨が明け、今年も暑い夏がやってきた。

連日、晴天が続いている。

「今日もいい天気」

洗濯物を干しながら、沙織は空を見上げた。

そういえば、のり子さんの息子さんも天気の良い日は体調が良くなると言ってたっけ。

翔太の体調の良い日はそれほど増えていない。

だが、翔太は自分の体との付き合い方を少しずつ身につけているようだった。

担任の先生がそれとなく話してくれたのか、翔太の友だちが学校で配られたプリントなどを持って家へ遊びに来るようになった。

その日も、低学年の頃から仲良くしていた友だちが学校帰りに寄ってくれていた。部屋へ麦茶とお菓子を持って行こうとすると、一緒にゲームをしているらしく、ドア越しに翔太の弾けるような笑い声が聞こえてきた。

翔太、楽しそう……。

夕方になって友だちが帰り、玄関まで送っていった翔太がリビングへ戻ってきた。

「なんか楽しそうだったね」

「うん」

「ゲームがほんとに好きなのね」

「まあね」

「ねえ、翔太、何か……」

と、そこまで口に出して、沙織はあとに続く言葉をかろうじて飲み込んだ。

本当は「何か、将来やってみたいことはないの？」と聞こうとしたのだ。

私の悪い癖。これがまた翔太のプレッシャーになってしまうかもしれない。いつかあの子が夢中になれる何かを自分で見つけるまで、黙って見守っていよう。これからも、ずっと。いつだって、ママはあなたの味方だから。それに協力してくれる人もいる。

「ママ、何？」

翔太が不思議そうにこちらを見ている。

「何でもない」

「変なの」

長いトンネルをくぐり抜けた翔太と足並みを揃えるように、沙織もまた少しだけ大人になった自分を感じていた。

いや、違う。翔太が私を成長させてくれたのかもしれない。

そして、この1年あまりの出来事が脳裏を巡っていく――。

第1部

翔太と沙織の物語

まとめ

① 観察日記をつけることで、子どもの状態を客観的に見られるようになった

② 能動的に情報を集めることで、自分が子どもにできることを見つけられた

③ 親のエゴ（子どもへの期待やプレッシャーをかけていることなど）に気づいた

④ 客観的な情報に基づいて、子どもの現状を周囲に伝えられた

⑤ 1人で悩みを抱えずに、必要な範囲で周囲に協力を求めた

第2部

スマホを
ずっと
見ている娘

中学校2年生の陽菜と、
ママの恵里菜

うちの子が不登校⁉

「先生！　ほんとに、いじめじゃないんですか？」

恵里菜は、中学2年になった娘・陽菜の担任教師に向かって、思わず声を荒らげた。

放課後の静かな教室に、突如、ヒステリックな大声が響き渡った。

「いや、そんな……。ちょっと待ってください」

担任の先生は唖然とした表情で、ただ恵里菜を見返す。

陽菜が「学校へ行きたくない」と言い出す朝が続いていた。

恵里菜は真っ先にいじめを疑った。それで、担任の先生に時間をとってもらい、仕事を午後半休にして学校へ向かったのだった。

つい大声を出してしまった彼女は、担任のリアクションに一瞬「しまった」と思ったが、感情に任せて発した追及の言葉はもう止まらなかった。

「あんなに活発な娘が『学校に行きたくない』なんて、絶対おかしいんです！ ありえません。学校で何かあったはずです。いじめがあるんじゃないですか？ ちゃんと調べてください！」

担任の先生はまだ20代半ば。大学を出たばかりでこの中学に赴任し、今年初めて担任を持った。経験が少ないせいか、どこか頼りない印象を受ける。

いじめを疑って保護者から相談を受けたのは初めてかもしれない。

恵里菜の剣幕に圧倒されて、完全に目が泳いでしまっていた。

「……ときどき、授業中に『お腹が痛い』と言って保健室へ行ったり、早退したりすることはありますが、うちの学校でいじめがあるなんてまったく聞いたことはありません」

陽菜が通う中学は、東京都S区にある区立T中学校。

S区では現在、「学校選択制」が導入されている。S区在住であれば通学区域内ではなくても、すべてのS区立中学から入学する学校を選ぶことができる。

ただ、T中学は住民から人気の高い中学で、毎年受け入れ人数よりも希望者数が多く、通学区域外の場合は抽選によって決まる。

陽菜も抽選で入学が決まった。恵里菜ももちろんだが、何より陽菜本人がT中学への進学を希望したのだった。もっとも、「制服がカワイイ」というのがその理由だったが……。

T中学は静かな住宅地の真ん中にある。周囲は文教地区で、緑も多い。卒業生には著名人もいた。

都内の公立中学というと荒れたイメージも持たれがちだが、S区にはこぢんまりとしたアットホームな中学校が多い。

T中学は1学年3クラスで、1クラスは30人強の少人数。どこかおっとりとした校風の中学校だった。

生徒同士のSNS上でのちょっとしたトラブルはゼロではなかったが、担任の言うように、特定の子をターゲットにするいじめが問題になったことは、これまでまったくなかった。

陽菜は、中学に入学してしばらくは、毎日元気に登校していた。部活はバドミントン部に所属し、それほど積極的ではなかったものの、楽しく活動していた。

帰宅すると、その日学校であったことをよく話してくれた。

だから、そんな娘が不登校になるなんて、恵里菜はこれっぽっちも想像していなかった。

突然、学校へ行かなくなった理由がまったくわからない。

根拠もないのに、つい、「いじめかも?」と考えてしまったのだった。

＊＊＊

恵里菜(43歳)は大学卒業後、ある中堅の化粧品メーカーに就職し、長く一般事務職として働いてきた。

最近、上司から総合職へのキャリアチェンジを打診された。

総合職になれば収入は増える。この先、陽菜の教育費がどれだけかかるかわからないからありがたい話。でも、転勤の可能性も出てくるし……。

珍しく恵里菜は決断しかねていた。

彼女の性格は勝気そのもの。何事も白黒はっきりさせなければ気が済まない気質だった。宙ぶらりんの状態で、あれこれ逡巡するのがいちばんイライラする。

良く言えば「前向き」、悪く言えば「前のめり」。

もっとも、こうした何事にも積極的な性格が、上司から一目を置かれているのだが……。

恵里菜はシングルマザーだ。

一人娘である陽菜が2歳の頃、夫と離婚した。その際、娘の親権のことで大揉めに揉めたが、最後は恵里菜が押し切り、夫が折れた。幸い、協議で離婚できた。

現在は、陽菜と自分の母親（陽菜の祖母）との3人で暮らしている。

実は祖母もシングルマザーだった。早くに夫を病気で亡くし、女手ひとつで娘を育てることになった。もともと気が強いほうだったが、そんな境遇だったから、「自分が頑張らなければ」と人一倍責任を抱え込み、恵里菜を厳しく育てた。

恵里菜の勝気な性格は、そのまま母親から受け継いだものだった。

恵里菜は最近、ちょっとしたことで陽菜とよく衝突する。

娘の顔を見ると、つい小言を始めてしまうのだ。

「陽菜、勉強は？　スマホばっかり見てないで勉強しなさい！　来年は受験なのよ！」

「……」

「陽菜！　そんなんじゃ、高校に行けなくなるわよ！」

「いいよ、べつに行かなくても」

「何を言ってるの！」

「うるさい！」

それきり陽菜はまた自分の部屋にこもってしまう。

そして、リビングには祖母と恵里菜が残される。

「そんなに毎日毎日、学校を休ませて。陽菜を甘やかしすぎだわ。だから、あんなになっちゃうのよ」

祖母はいつも孫の前では超甘なのに、恵里菜と2人になると豹変して口うるさくなる。

そして、今度は祖母との恒例のバトルが始まるのが常だった。

「私は仕事をしながら、1人で子育てをしているの。お母さんは黙っていてちょうだい！　まったくもう、みんな私の苦労も知らないで！」

そんな風に、家の中は毎日、口ゲンカが絶えなかった。

「今日は学校休む」

「えっ！　どうして？」

「だって、お腹が痛いんだもん」

朝、陽菜がときどきそう言って、学校を休んだり早退するようになったのは、中学2年になってすぐのことだった。

休みの日はそんなことはない。部活にも一切行かなくなった。

「本当にお腹が痛いの？　サボりたいだけなんじゃないの？」

平日の朝になると、決まってそう言い出すのだった。

「信じてないの？　……最低！」

恵里菜は、最初は楽観していた。

春休みにだらだらしすぎたのかしら……。

だが、夏が近づくにつれて、学校を休む日は徐々に増えていった。

朝、起こしても、「お腹が痛い。学校には行きたくない」と言って起きてこない。

はじめはＰＭＳ（月経前症候群）かと思っていた。最近、思春期の女の子にも増えていると聞いていたからだ。

だけど、どうも様子が違った。

だから、「本当にお腹が痛いのか？」と疑っていた。

クラスでいじめられているのでなければ、部活で何かあったのだろうか？　学校へ行きたくないから、そう言っているだけなんじゃないか、と。

＊＊＊

陽菜は毎日、不安で仕方がなかった。

正直に言えば、家にいるときは、それほどお腹が痛いわけではない。

「学校に行かなくちゃ」と思うと、急に腹痛に襲われる。

それに、外出すると突然、お腹が痛くなってお手洗いに行きたくなるのだ。

家から外へ出ると、どこでもトイレに行けるわけではない。

また行きたくなるかも……。

そう想像しただけで、もうダメだった。

移動中や授業中など、すぐにお手洗いに行きたくなってしまう。

静かな教室の中ではとくに気になった。

それがプレッシャーになっていた。

それに、お手洗いへ行くとなかなか出てくることができず、トイレにこもりきりになってしまう。

しょっちゅうお手洗いに行くのをクラスのみんなはどう思ってるんだろう……？　行くと長くなるから変に思われないだろうか……。

授業中、トイレに立ち、戻ってきたときのクラスメイトの視線が怖かった。

その恥ずかしさは、思春期の女の子にとっては耐えがたいことだった。

だから、最近は学校へ行っても、すぐに保健室に足が向いてしまう。「陽菜、大丈夫？」とクラスメイトに声をかけられても、保健室に行くのはそれほど恥ずかしくなかった。それに唯一、保健室の女性の先生には自分の症状を正直に話すことができた。

その日も陽菜は、２時間目が始まってすぐに保健室へ向かった。

「お腹、痛くなった？」

今日も保健室の先生は、にこやかに迎えてくれる。

「ベッドで横になる？」

「大丈夫です。座っていれば、たぶん」

「そう。じゃ、お話でもする？」

「はい」

「陽菜さんの最近のマイブームって何？」

「え？」

「学校を休んだ日とかお家で何してるの？」

「うーん、スマホでＴｉｋＴｏｋとか見てることが多いかも」

「そうなのね。どんなの見てるの？」

「Ｋ－ＰＯＰのダンスの動画とか、かな」

「Ｋ－ＰＯＰが好きなんだ？」

「はい」

「ＴｉｋＴｏｋを見てるときもお腹が痛くなったりする？」

「それはないです」

「そう、楽しいときとかリラックスしているときは痛くないんだね。保健室にいるときはどう？」

「教室にいるとお腹が痛くなるけど、保健室に来ると楽になります」

「良かった。また来てもいいからね。つらいときは無理しないで。頑張らなくても、いいんだよ」

「え、そうなんですか？」

頑張らなくてもいい？　大人にそんなことを言われたのは初めてだった。

保健室は陽菜にとって、学校の中で唯一安心できる場所だった。

保健室の先生は、勉強が遅れるとか一切言わずに、陽菜を無条件に受け入れてくれる。

南側に面した陽当たりの良い保健室で、ぼんやりと校庭を眺めながら先生と話していると、彼女の気持ちも楽になっていた。

だが、そんな陽菜の心身の状態に、母親の恵里菜はまったく気づいていなかった。

過敏性腸症候群って？

今日も、陽菜は「お腹が痛い」と学校を休んだ。

このところ、毎日のことだった。

恵里菜もさすがに心配になった。

「陽菜、今日、お医者さんに行こう」

「嫌だ、行かない。寝てれば治る」

「だって、毎日お腹が痛いんでしょ。お薬をもらえばきっと良くなるから」

「病気じゃないから大丈夫」

「それならそれで、大したことないってわかれば安心でしょう?」

「……」

渋る陽菜を何とか説得して、近所の内科クリニックへ連れて行った。

クリニックでは、問診に続いて、血液検査、便潜血検査、腹部X線検査など簡単な検査を受けた。

腸などの身体的な異常は見つからなかった。

「たぶん、ストレスのせいではないかと思います」

医者はそう言った。

結局、診断は「過敏性腸症候群（Irritable Bowel Syndrome：ＩＢＳ）」という病名だった。

ＩＢＳは、精神的なストレスや自律神経のバランスの乱れなどで、腸の働きに異常が起こり、下痢や便秘など排便の異常を引き起こす病気だ。

医師の説明によると、その特徴は、

・２か月以上、症状が続く
・症状を説明できるお腹の病気がない
・腹痛は排便で和らぐ
・ストレスが影響する
・重症になると、生活の質（ＱＯＬ）が大きく低下する

などだという。

詳しい原因は完全にはわかっていないが、腸管の運動異常、消化管ホルモン、内臓知覚過敏や炎症、食生活の乱れなどによる腸内細菌叢の変調、アレルギー、免疫異常、心理社

会的要因など多くの要因が関わると考えられている。

ＩＢＳは年々増えてきており、最新の調査では、日本人の有病率は15％と報告されている。

働き盛りのサラリーマン男性などにも多いらしい。「いつ便意をもよおすのか」と電車に乗るのが怖くなり、ついには退職に追い込まれてしまうケースもある。

近年では男女問わず、10代にも増えている。

一般社団法人「日本小児心身医学会」によると、小学生１・４％、中学１～2年生２・５％、中学3年生～高校1年生５・７％、高校2～3年生９・２％にＩＢＳがあり、成長とともに有病率は成人に近づくと言われている。

そして、不登校、起立性調節障害（ＯＤ）とも併存することがあるという。

ただし、ＩＢＳがあっても、それだけが不登校の原因だとは限らない。

そもそもの原因は過度なストレスやプレッシャー、食事など生活習慣の乱れなどだが、やがて腹痛や便意をもよおすこと自体もストレスになって悪循環に陥ってしまう。

その苦しみは本人にしかわからない。

だが、恵里菜はどうしても納得がいかない。

何でもストレスのせいと言われても。いまの時代に生きていれば、誰だってストレスぐらいある。もちろん、私だって。でも、それで病気になっていたら身が持たないじゃない。

クリニックで整腸剤などを処方され、しばらく様子を見るよう言われた。

だが、何日経っても陽菜の状態は変わらなかった。

原因は何なんだろう？　そんなにプレッシャーになることがあるのかしら？　もちろん、思春期なのだから、いろいろ悩みもあるだろう。でも、私に似てポジティブな性格の子だったのに。

恵里菜には、娘がＩＢＳになった理由に見当がつかなかった。

スマホをずっと見ている娘

陽菜は最近、家にいる時間がめっきり増えた。

スマホでＴｉｋＴｏｋばかり見ている。

何人かの友だちとは、ＬＩＮＥで連絡をとり合っているようだった。

友だちと話したいなら学校へ行けばいいのに。陽菜の世界はＳＮＳだけみたい。そんなことで大丈夫なんだろうか？

不安で我慢できなくなった恵里菜は、あるとき陽菜のスマホ画面をちょっと横から覗いてみた。

どうやら、またＴｉｋＴｏｋらしい。

若い女の子が、自分の顔に目が大きくなる加工をして、踊っている動画だった。

かと思えば、男の子の2人組が歌いながら不思議なダンスをしていたりする。

推しでもいるんだろうか？

何だか、男の子も女の子もみんなメイクが似ていて同じような顔に見えた。

こんなの見ていて、何が面白いんだろ？

恵里菜には理解できない。

あ、でも夫と別れた頃、私も韓流ドラマにハマったっけ……。

つい、嫌なことまで思い出しそうになり、頭の中から昔の断片的なシーンを追い払った。

恵里菜は以前からＬＩＮＥやフェイスブックはやっており、最近、インスタも始めていた。会社の同僚の女性が、美味しそうな食事やスイーツの写真をよくインスタに上げていて、それが見たくて、とりあえず見るだけのアカウントを作っていたのだ。

楽しそう。私の時代にはこんなのなかったな。

だが、ＴｉｋＴｏｋまではついていけていなかった。

もしかして、ＳＮＳで友だちと揉めているんじゃないだろうか……？　変な事件とかに巻き込まれないといいけど……。

恵里菜は娘への心配が尽きない。

数日前にテレビのニュース番組で、不登校とデジタル機器の関係について特集していた。不登校の子のほとんどが、毎日ＹｏｕＴｕｂｅやＴｉｋＴｏｋなどの動画視聴やゲームをしているという。学校を休んで家に長時間いると、暇つぶしにスマホやタブレットばかり見るようになり、デジタル依存になっていくらしい。

恵里菜の不安はますます募っていく。

あ、明日の会議の資料を作らなきゃ。もう……。

子育てと多忙になってきた仕事の狭間で、恵里菜はどんどん追い込まれていく。

「スマホなんて取り上げてしまいなさいよ、まったく。もっと厳しく育てないとダメよ」

そんな祖母の一言に神経を逆なでされて、恵里菜はさらに逆上する。

「黙っててよ！　お母さんは関係ないんだから！」

「おー、怖っ」と、祖母はささっと自室へ引き上げる。

誰も、私のことを理解してくれない。一体どうすれば……。

＊＊＊

ある晩——。

その日は陽菜も祖母も早く寝てしまい、恵里菜はリビングでエアポケットのような時間を漂っていた。

相談できる友だちは誰もいない。

陽菜が小さい頃はママ友との付き合いもそれなりにあったが、中学になると、ほとんどの人とは疎遠になった。

ただ、幼稚園のときのママ友2人とだけは、ＬＩＮＥを交換していた。

久しぶりに連絡してみようか。でも突然、娘のことを相談したりしたら嫌がられるかな。

迷ったが、そのうちの1人にＬＩＮＥしてみた。

最初は当たり障りのない内容をひとしきり。そして、思いきって、陽菜のことを書いた。

〈いじめじゃないの？〉

〈ＳＮＳのやりすぎが良くないのかも。うちでは高校受験が終わるまで時間制限してるの〉

〈思春期だから、いろいろあるわよ〉

〈そのうち、また学校に行くようになると思うけど〉

ああ、やっぱりわかってもらえない……。

恵里菜は連絡したことを後悔した。

もう誰かに相談するのはやめよう。

何でもいいから、気晴らしがしたくなった。

そして、会社の同僚に聞いた話をふと思い出した。

最近、女性の間で話題になっている韓国スイーツがあるらしい。インスタで検索してみた。

〈#パルミカレ〉

たくさんの写真がヒットした。
チョコレート・パイのような、かわいいお菓子に思わず目が吸い寄せられた。
いや、正確に言うと、その写真に添えられていた文章だった。

〈今日は子どもの不登校の相談で、初めてカウンセラー・のり子さんのオフィスへ。とても気持ちが軽くなったので、帰りに渋谷のカフェに寄り道。韓国スイーツ・パルミカレが美味しかった！〉

「不登校」という文字を目にしなければ、スルーしていたかも。

「カウンセラー　のり子」をインスタで検索してみる。

そのカウンセラーは、たしかに不登校の相談も受け付けていた。

居ても立ってもいられなくなり、早速、インスタのDM（ダイレクトメッセージ）で、そのカウンセラーに「相談に乗ってほしい」と連絡してみた。

翌朝、DMの返信があった。

セッションを希望する場合は、WEBサイトから申し込んでほしい、とのことだった。

ああ、私の悪い癖だ。思いつくと、後先考えずに、突発的に行動しちゃう。母には子どもの頃からそれで小言を言われてばかりだった。

改めてWEBサイトからカウンセリングを予約した。

＊＊＊

初回のカウンセリングはオンラインにした。

カウンセラーは話し始めると、まずこう言った。

「私のことを、何で知ってくださったんですか？」

恵里菜は、インスタを見て、すぐにＤＭを送った経緯を説明した。

恵里菜　突然、ＤＭを送ってしまって申し訳ありません。しかも、夜遅くに。つい、先走ってしまって。

のり子　いいえ、素晴らしいと思いますよ。すぐに行動されて。なかなかできることではありません。なかには、思い立ってから連絡いただくまで2～3か月くらい迷う方もいらっしゃいますから。

私の子育て、間違っていたのかも⁉

のり子　では早速ですが、娘さんの状況を教えていただけますか。

恵里菜　はい。陽菜は……あ、ごめんなさい、娘の名前です。陽菜は中学2年になった頃から、朝になると「お腹が痛い」と言って学校を休みがちになりました。近頃は、欠席する日がどんどん増えていって。病院に行ったら「ストレスから来る腸の炎症でしょう」と言われて、ＩＢＳと診断されました。

のり子　ＩＢＳで学校に行けなくなる子は少なくないようです。とくに娘さんは思春期ですから、悩みやストレスも多いはずです。

恵里菜　私はずっと、陽菜を自由にのびのび育てるようにしてきました。だから、ストレスを抱えているなんて想像もできなくて。
同居している私の母からは、「そんなにしょっちゅう学校を休ませて、陽菜を甘やかしすぎだ」と責められるんです。

実は、母は自分にも他人にも厳しい人で、私も子どもの頃、厳しく躾けられて育ちました。それが嫌で嫌で。

だから、余計に陽菜のことはのびのびと育てたかったんです。だけど、陽菜が学校へ行かなくなって、つい口うるさく小言を言うようになってしまって……。私の子育て、間違っているのでしょうか？

恵里菜は、溜まっていた自分の思いを吐き出すかのように一気に話した。聞かれてもいない自分の子どもの頃からの母親への不満まで。

彼女は自分の子育てに自信が持てなくなっていた。正解が知りたかった。

一方で、間違った子育てをしているかもしれない自分を認めたくなかった。自分は正しい。そう信じたかった。誰かに「間違ってないよ」と言ってもらって安心したかった。

のり子　のびのびと育てたいと思うのは良いと思います。もちろん、それは放任するのとは違います。言うべきことは言わなくてはなりませんが、小言は言わないほうがいいですね。

恵里菜　陽菜に「学校に行って」とか「勉強しなさい」とか、口うるさい母と同じことを言っているなと自己嫌悪に陥ることもあります。

のり子　実は、私の息子も小学校高学年から中学の3年間、不登校だったんです。それもあって、いまこういう相談も受けているんです。不登校になった原因は、お聞きになったことがあるかどうか……起立性調節障害という疾患でした。だから、恵里菜さんのお気持ちはよくわかります。

恵里菜　そうだったんですか……。

のり子　ええ。私も、体調の悪い息子に小言を言ったこともありました。でも、全然効果はありませんでした。

恵里菜　それどころか、息子を苛立たせることになってしまいました。口うるさいことを言っても何も良い方向に行かないと気づき、それからは小言を一切やめました。
私もできれば小言なんか言いたくないんです。でも、母に「甘やかしてる」と責められるし、食事の用意など世話になっている手前、陽菜に注意している姿を見せている部分もあるんです。

のり子　学校に行けない理由はともかく、小言が娘さんのやる気を削いでいることは間違いないでしょう。小言を減らすだけで、子どもが変わる可能性は増えると思います。

観察日記でわが子の状態を知ろう

恵里菜　じゃあ、どうしたら……？

のり子　まずは、娘さんの状態や気持ちを理解することが大事だと思います。私も当時自分の思い込みにとらわれて、息子を理解しようという気持ちが欠けていたことを反省しました。

恵里菜　状態や気持ちを理解する……。

のり子　ええ。それがすべてのスタートです。まず、娘さんにとってのストレスが何かを知る必要があります。

ＩＢＳということですが、食生活の影響もあるかもしれませんね。そこでひとつ提案があるんですが、娘さんの「観察日記」をつけてみてはいかがですか。

恵里菜 観察日記？

のり子 そうです。娘さんの一日の行動や様子、食事内容をノートに記していくんです。

恵里菜 それはどうして？

のり子 お子さんの状況を客観的に把握するためです。私自身、息子の観察日記をつけることで多くのことを学びました。
息子が何に対して意欲的になるのか？ 息子にとって楽しいことは何か？ 心が落ち着くのはどんなときか？ そういったことがわかるようになります。
そこから、何かを始めるのであれば、息子の体調が良く、気持ちが能動的になっているタイミングを選べばいいことがわかりました。

恵里菜 そうなんですね。私もやってみます。

のり子 ひとつだけ注意点があります。それはお母さん自身の感情を書かないようにすることです。観察日記はお母さんの不満のはけ口ではありません。あくまでも、娘さんを理解するためのものですから。

こうして初回のセッションは終わった。

そして、次は対面でのカウンセリングを予約した。

＊＊＊

翌日から恵里菜は、観察日記をつけ始めた。

それで真っ先に気づいたことがあった。

前から気にはなっていたのだが、陽菜の朝食があまりにも偏りすぎているのだった。

恵里菜は仕事で朝早く出かける。

もう陽菜は中学2年。「お腹の調子が落ち着いたら、自分で用意して食べるから」と言っているので、朝食のことはある程度本人に任せていた。

お昼の用意は祖母に頼んでもいいのだが、陽菜は起きるのが遅いので、どうしても朝昼兼用になってしまうのは仕方がなかった。

パンが好きな陽菜のために、毎朝出勤前に、パンに合うおかずを多めに作って冷蔵庫に入れておいた。あとは電子レンジでチンして、トーストを焼けばいいだけにしておく。

ところが、仕事から帰ってきて冷蔵庫を見ると、朝作ったおかずはそのままになっていることが多かった。食パンも減っている様子がない。

ゴミ箱を見ると、コンビニで買ってきたらしい菓子パンやスイーツの袋がいつも捨ててあった。

起きてコンビニには出かけているんだ。それにしても、これじゃ……。

「せっかく用意しておいたのに。ちゃんとした朝ごはんを食べなきゃダメじゃない」

「だって、朝はそんなにお腹がすかないんだもん。でも大丈夫。ちゃんと食べてるから」

「お腹が痛いのはわかるけど、お菓子だけじゃ体に悪いわよ」

「だって、夜は普通に食べてるでしょ。平気、平気」

だが、夕飯も自分の好きなハンバーグとかコロッケなどのおかずしか食べない。野菜は残すことが多い。

お皿に残った野菜を見ると、恵里菜は一言、言わずにはいられない。

「陽菜、残さないで食べて」

「いらない。お腹いっぱい」

「まったくもう、仕方ないわね」

それを見て、祖母はまた一言ちくり。

「また、甘やかして」

「だって、もう小さな子どもじゃないんだから、無理やり口に入れるわけにもいかないじゃない！」

でも、この食生活もＩＢＳの原因のひとつなのだろうか？　そういえばのり子さんが、菓子パンやスイーツばかり食べていると、腸がこわれてしまうこともあるって言ってたっけ……。

急に心配になった恵里菜は、すぐにネットで調べてみた。ひとたび気になり出すと居ても立ってもいられなくなる性分が、このときは良い方向に作用した。

それは最近、問題視されている「リーキーガット症候群」という病気のことだった。「腸漏れ」とも呼ばれる。

腸内環境が乱れると、腸の中の未消化なものや細菌が体内に漏れ出してしまい、炎症を起こして体のさまざまな不調を引き起こす。この炎症が、糖尿病や脂質異常症、肥満などに進行することもある。

女性の場合、女性ホルモンのバランスが乱れ、ＰＭＳ（月経前症候群）や生理不順に関係してくることも知った。

その主な原因のひとつが、砂糖の入った食品やジャンクフードの摂りすぎ、慢性的なストレスなどだと考えられているという。

偏った食生活の怖さを知った恵里菜は翌日から、朝は、甘いものが好きな陽菜でも手を伸ばすようにと、おかずの他にカットフルーツを用意し、ヨーグルトを添えた。夕食は、野菜も美味しく食べられるよう、スマホでレシピを検索し、メニューを工夫した。

そして、リーキーガット症候群のことを陽菜にも説明し、菓子パンやスイーツはなるべく控えるように伝えた。

言うべきことは言っておこう。大切な娘の

体のことなのだから。

これは小言ではない。きちんと根拠を話して説明すれば陽菜も理解してくれるはず。そう自分に言い聞かせた。

陽菜本人は、最近太り気味になっていることが気になっていた。

だから、ますます学校から足が遠のいていた。

やっぱりお菓子は減らしたほうがいいのかな……。

一方で恵里菜は、陽菜の顔を見るたびに言っていた小言をやめるように心がけた。

勉強もせずに、スマホばかり見ている陽菜を見ると、つい喉元まで小言が出かかったが、何とか飲み込んだ。

祖母はそんな恵里菜に不満そうだった。相変わらず、「甘やかしすぎ。もっと厳しく言いなさい」と口うるさく責めた。

だが、恵里菜は「はいはい」と受け流すようにした。

やがて、陽菜が「お腹が痛い」と言う朝は少しずつ減ってきた。

まだ学校へ行けない状況に変わりはなかったが、前よりも体調は良さそうだった。

心なしか笑顔も増えてきたような気がする。

＊＊＊

ある日の午後——。

今日も学校を欠席した陽菜がリビングへ行くと、祖母が１人で本を読んでいた。

「あ、陽菜、どうしたの？　お腹すいた？」

「ううん。大丈夫」

「……今日も学校行けなかった？」

「うん」

「そんなに嫌なの？」

「嫌っていうわけじゃないんだけど。友だちに会えるし。でも、学校に行かなきゃと思うとお腹が痛くなるんだもん。それに、ママうるさすぎ」

祖母がクスリと笑う。

「陽菜はママが子どもの頃にそっくりだねえ」

「えー！　そうなの？　嫌だ」

「ママはすっかり忘れてるけど、学校で嫌なことがあると、明日は行きたくないってよく言ってたよ」

「信じられない。で、お祖母ちゃんはどうしたの？」

「無理やり行かせたわよ」

「それで？」

「そのたびにケンカばっかり。でも、あの頃は学校に行くのなんか当たり前だったから」

「知らなかった」

「どうしても行けない？」

「だって、すぐにトイレに行きたくなるから」

「ほんとは少し我慢してでも行ったほうがいいんだけどね」

「……学校って絶対行かなきゃいけないのかな」

「それは行ったほうがいいと思うけど」

「……」

「さて、今日ママは遅くなるみたいだから、お祖母ちゃんが夕ご飯作るね。食べられる？」

「うん、少しなら。でも、野菜の煮物はやめてね」

「はいはい。もう、好き嫌い言って」

娘には厳しく当たる祖母だが、孫には甘かった。

体調は好転しつつあるものの、陽菜はまだ出口を見つけられない。無意識に何かのきっかけを探していた。

やっぱり、学校行ったほうがいいんだよね。わかってるんだけど……。

＊＊＊

あれ、ここは？

目を覚ました恵里菜は周囲を見回す。

「あ、そうか」

仕事から遅く帰ってきて、そのままリビングでうたた寝してしまっていた。いつの間にか真夜中だ。

ああ、もうこんな時間。明日も朝早いのに……。

恵里菜は疲れていた。

四六時中、肩ひじを張って仕事をしているが、実は自分もストレスに案外弱いことに気づいていなかった。

彼女は過度に競争心が強く、せっかちで、頑張りすぎるあまり、自らストレスを作り出す。いつも無理して踏ん張って立っているため、自分の許容量を超える強風が吹くと、簡単にポキリと折れてしまうのだった。

小言はやめようと心がけるようになったものの、相変わらず娘の顔を見ると、つい余計な一言が口をついて出てしまうことがある。ひとつ小言を言うと、他にも気になっていることが次から次へと連鎖的に思い浮かんでくる。ほとんど条件反射のようになっていた。

それは、仕事でも家庭でも、「私が頑張んなきゃ！」と気負う自分自身のストレスから来ているものだった。

「陽菜、またスマホばっかり見て」
「わかってるって」
「ママは陽菜のためを思って言ってるのよ」
「もう放っておいて！」

そう言い放って陽菜は自室へ駆け込む。

こんなやりとりも、回数は減ったが、まだ繰り返していた。

急に静かになったリビングで、恵里菜は長いため息をつく。

そして、ふと、のり子が言っていた言葉を思い出す。

「娘さんのストレスの原因をよく考えてあげてください」

不意に、恵里菜は自分が中学の頃を思い出す。

ああ、いまの私って、あの頃のお母さんと同じだ……。

彼女は、陽菜には自由にさせてきたつもりだったが、いつの間にか自分の母親と同じように小言ばかり繰り返して、娘にプレッシャーをかけていたのだった。

そう気づいて愕然とする。

陽菜のストレスのいちばんの原因って、もしかして私……？

恵里菜は、改めて「小言はやめなきゃ」と思った。

その効用がもうひとつあった。

それは、恵里菜自身のイライラも減ってきたことだった。

少しずつではあるものの、恵里菜は娘のいまの状況を率直に受け入れて、長い目で見守っていこうというスタンスに変わりつつあった。

だけど、人はそう一朝一夕に変われるものではない。

前途はまだ多難だった。

＊＊＊

陽菜が少しずつ元気を取り戻してきたことを喜びながらも、娘の勉強が遅れてしまうことがいまも変わらず恵里菜の心配の種だった。

そんなある日、テレビで「デジタル学習」が進んでいるということを知った。

とくに東京都では、不登校児童・生徒への学習支援として「デジタル学習」を勧めているのだという。

ある区の公立中学校では、オンラインでの授業参加ができる生徒に対しては、オンライン授業配信を行い、生徒は学んだことを授業終了後に担任へ提出すれば、「出席」と見なされる。

欠席日数が減れば、内申にもあまり響かないかも……。

少しだけ恵里菜の期待がふくらむ。

デジタル学習が進んだひとつのきっかけは新型コロナウイルス感染症の蔓延だった。それによって、パソコンやタブレット、インターネットを活用した教育が大きく進展した。

コロナ禍は、教室というリアルな場で学ぶというそれまで当たり前だった学習活動を行えない状況を生み出した。そこで、学校の内外を問わずデジタル技術を活用した教育方法やコンテンツの開発が進み、場所や時間を問わずに勉強ができるようになったのだという。

そうした状況を知った恵里菜だったが、思考はまた堂々巡りに陥る。

でも、やっぱり陽菜には学校へ行って勉強してほしい。

恵里菜はどうしても、「再登校」への思いが捨てきれなかった。

やがて、デジタル学習のことはすっかり忘れてしまった。

こうした学習支援の実効性はともかくとして、不登校児童・生徒のゴールは再登校だけとは限らない。

不登校に関するさまざまな書籍などは、ゴールを再登校に置いているものが少なくない。その一方で、最近はまた違った声もある。

不登校のゴールは再登校ではなく、「子どもの自立」だという考え方だ。自立するためには、学校へ行くことよりも、「いま何ができるか」を考える必要がある。

今日学校へ行くかどうかは、目先の結果にとらわれているに過ぎない。どうしても学校へ行けないのなら、別の手段でカバーすることも選択肢のひとつとして残しておく。そんな発想も広まってきている。

だが、まだ恵里菜はそこまで考えが及んではいなかった。

＊＊＊

そうこうしているうちに、2回目のカウンセリングの日がやってきた。今度は対面でのセッションだ。恵里菜は半休を取って、のり子のオフィスのある神宮前に向かう。

のり子　その後、いかがですか？

恵里菜　アドバイスいただいたように、なるべく小言は言わないようにしています。そのせいか最近、陽菜の調子も前よりは良くなったみたいで。

のり子　それは良かったです。いまは何がいちばん気になっていますか？

恵里菜　やっぱり学校へは行けないし、家にばかりいると、精神衛生上良くないと思うんです。かといって、学校を休んでいるわけだから、外に出るのはいけないような気がして。このままでいいんでしょうか？

のり子　学校を休んでいるから、家にいなければいけないと思うんですね？

恵里菜　だって、外で先生とか友だちに会ったら、なんて思われるか……。

のり子　学校を休んでいるから家にいるべき、というのは単なる固定観念に過ぎません。

恵里菜　でも、それが普通じゃ……？

のり子　私は自分の経験からこう思うようになったんです。子どもにとって、世界は家と学校だけではないんじゃないか、って。

実は、息子は幸運にも、中学校に入学する頃に自分が夢中になれることに出会いました。バスフィッシングってご存知ですか？　中学時代、いわゆる学校の勉強はほとんどしませんでしたが、息子はバス釣りを通して、挨拶やマナー、人間関係の築き方などを学びました。

恵里菜　でも、うちの娘にはとくに興味のあることがないと思います。

のり子　家にいる時間が長いと、そうなるとは思います。

恵里菜　……。

のり子　どうでしょう。陽菜ちゃんに「行きたい場所があるなら行ってもいいよ」と許可してみませんか。そこから陽菜ちゃんの興味を探ってみましょう。もし、罪悪感があるなら、まずは学校が休みの日から始めてみてはいかがでしょうか？

わが子の興味に寄り添ってみよう

恵里菜　行きたいところなんかないと思います。だって、いつも家でＴｉｋＴｏｋばかり見ているんですから。

のり子　こんな風にとらえてみたらどうでしょう。スマホを見ているのは、陽菜ちゃんは家にいながら彼女なりに世界を広げるために情報収集をしていると。

恵里菜　そうは思えませんけど。このままだと陽菜がどうなっちゃうんだろうって思って、スマホをいじっているのをみると、つい「いつまで見てるの！」って言っちゃうんです。

のり子　じゃあ、お母さんもＴｉｋＴｏｋを始めてみたらどうです？　いまより視野が広がるかもしれません。娘さんが興味を持っているものを知ることは大切です。もちろん、探りすぎ、干渉しすぎは良くないですけど。

恵里菜　でも、ＴｉｋＴｏｋの何が面白いのか全然理解できなくて。

のり子　理解できなくても、お子さんの興味があることをお母さんが体験してみるのも大切なことです。陽菜ちゃんと勉強や学校のこと以外の会話をしてみると、彼女の考えていることが少し理解できるようになると思います。

ゴールは再登校だけじゃない

恵里菜　のり子さんは、息子さんが学校の勉強をしないことが心配じゃなかったんですか？

のり子　あまり不安は感じていませんでした。世の中に出て仕事をしたり、やりたいことを実現するには、学校の勉強がすべてではないし、学校で学んだことだけが本人の人生を守ってくれるわけではないと思っていました。

恵里菜　それはそうだとは思いますが……。

のり子　私の息子は必要性を感じたことは自分で学んでいました。釣りに関して自分に足りないと感じた知識は自ら情報収集し、先輩に聞くなど他の人からも学びました。

釣りの活動に必要な船舶免許を16歳で、自動車免許を18歳で取ったのですが、試験勉強は誰からも言われなくても自分でコツコツとやっていました。またアメリカに行く可能性もあるので、オンラインで英語のレッスンも受けていました。そしていまは、他県で暮らしながら、3社のスポンサーのサポートを受けて釣りの探究をしています。本人が必要性を感じれば、勉強も自分でスケジュールを立てて、進んでやるものだと思います。

恵里菜　陽菜に興味のあることが見つかるとも限らないし……、見つかったとしても、のり子さんの息子さんみたいにできるかしら……。

のり子　はい、もちろんその子によります。そしてお母さんが、子どもが普通の進路から外れることを不安に思うのはよくわかります。でも、そこにはお母さんの「子どもを管理したい」という願望がありませんか？

恵里菜 そんな、管理なんて……。

のり子 もっとはっきり言ってしまうと、陽菜ちゃんに学校へ行ってほしいと思うのは、彼女のためというよりも、恵里菜さんが安心したいだけではないですか。親の愛と親のエゴは違うことを知っていただきたいと思います。

恵里菜 でも、もしエゴだとしても、学校に行っていれば陽菜の将来のためになるはずです！

のり子 世間体も気になりますよね。みんなと違う状態であることが不安でしょう。

恵里菜 ええ。このままでは高校に進学できないかもしれないし、そうなればもちろん大学にも。それで就職できなかったらどうしよう、と。

のり子 それに、いまの学校が嫌なら、転校して環境を変えれば、学校に行けるようになるかもしれません。学校に行くことだけがゴールではないと思います。学校の学び以外にも将来につながることはたくさんあります。いまはまず、陽菜ちゃんの、学校や勉強以外の世界を認めてあげてはどうですか？

恵里菜　考えたこともありませんでした。

のり子　それに就職が心配だと言いましたが、いまは学歴よりも、自分に合う企業を自ら選ぶ時代です。個人で活動していく力を身につけている人がすごく増えています。人生に大切なのは、勉強というよりも、「学ぶ力」「自分で考える力」や「体験」「情報収集力」「コミュ力」「人脈」じゃないかなと私は思います。

恵里菜　……。帰ってよく考えてみます。

＊＊＊

恵里菜はもはや藁にもすがる思いだった。

このままではいけない。私が一歩を踏み出さないと。

そう考えた恵里菜は、のり子のアドバイスに従って、手始めにTikTokのアカウント登録をしてみた。

体験してみなければわからないものだ。あれほど理解不能だったＴｉｋＴｏｋだが、実際にやってみると興味を惹かれるコンテンツもあり、つい見入ってしまう。

陽菜がハマるのも少しは納得できた。

それに、エンタメ動画ばかりじゃなく、ビジネスにも幅広く利用されていた。企業が自社のパーパス（社会的な存在意義）や就職希望者へのメッセージを伝えるショート動画なんかも見つけた。

へえ、こういう時代なんだ。うちの会社も作ればいいのに。

そう無意識に考えていることに気づき、恵里菜は苦笑する。

次に恵里菜は、「＃Ｋ－ＰＯＰ」で検索してみた。

陽菜がいつも見ているような歌やダンスの動画がたくさん出てきた。

その中のひとつを適当に選んで視聴してみる。

韓国のあるガールズグループの動画だった。ダンスビートが特徴的なその曲は世界中でヒットしているらしい。

恵里菜は歌詞に引き寄せられた。

離れていても互いを支え、共に乗り越えていこうという無条件の絆をテーマにしている曲だった。彼女たちの歌う前向きなメッセージは、だいぶ歳の違う恵里菜の心にもストレートに響いた。

最近、テレビでよく見る日本のアーティストたちも軒並みＴｉｋＴｏｋでも曲を配信していた。

そういえば昔、私もテレビの歌番組が好きだったな。ヒット曲から何となく世の中の流行なんかを肌で感じたなあ。いまの子にとっては、ＴｉｋＴｏｋが世界とつながる身近な〝どこでもドア〟なのかも。

そして、のり子が言っていた言葉を思い出す。

「陽菜ちゃんは、自分の世界を広げるために情報収集していると考えてみてはどうですか？」

たしかに私、最近は陽菜と勉強とか学校の話しかしていない。あの子はいま、どんなことに興味があるんだろう？　今度、陽菜にＴｉｋＴｏｋで何が面白いのか聞いてみよう。

それからは、陽菜がソファーでスマホをいじっていても、前ほどイライラすることは少なくなった。

＊＊＊

スマホには多少寛容になった恵里菜だったが、日によって感情はマイナスのほうへ大きく振れた。

ちゃんと勉強しないと、あの子の将来が……。

そう考えて、また不安になる。

恵里菜の勤めている会社は中堅のメーカー。ブラックではないけれど、有給休暇の取得率などはやっぱり低い。

それでも、恵里菜がシングルマザーという道を選択できたのは、小さな会社ではあっても、働いているからこそだった。一方で、女性が社会を渡っていく厳しさも嫌というほど感じていた。

やっぱり陽菜にはもっとちゃんとした会社に入ってほしい。大企業に入った、大学時代の友だちは、職場結婚してタワマンに住んでいるというし……。

思わずスマホを手に取って、のり子にLINEをしてしまっていた。

気になり始めると、もうそのことで頭がいっぱいになり、立ち止まることができない。

そんなとき、恵里菜は自分の感情をコントロールできないのだった。

恵里菜　〈突然、LINEしてしまってごめんなさい。陽菜の将来のことを考え始めたら急に不安になってしまって〉

のり子　〈いいえ、アフターフォローの範囲なら大丈夫ですよ。どうされましたか?〉

恵里菜　〈いまは通信制の高校もあるし、そういう道もあると思うんですが、やっぱり普通に大学へは行ってほしくて。いまなら、まだ高校受験に間に合うと思うし〉

のり子　〈陽菜ちゃんが普通の進路から外れることが不安なんですね。でも、〝普通〟って一体何なのでしょう?〉

恵里菜　〈えっ、高校、大学へ行って、就職することでは?〉

のり子　〈前にもお話ししましたけど、それはお母さんの願望ですよね。それを叶えるために お子さんを管理して安心したい。その気持ちを陽菜ちゃんに押し付けてはいないですか?〉

恵里菜　〈そんなことはないです!〉

のり子　〈前にもお話ししましたけど、それは親のエゴではないでしょうか〉

恵里菜　〈でも、子どもの将来を心配するのは親なら当たり前でしょう? それがエゴな

んですか？〉

のり子　〈私は、親の仕事は、お子さんが自立できるように見守ることだと思います〉

恵里菜　〈だから、大学に行って大きな会社に入って自立してほしいんです！　そう思ってはいけないんですか？〉

対面のときとは違って、ＬＩＮＥになると恵里菜は感情の制御ができない。無意識に言葉づかいも乱暴になってきていた。

ああ、冷静にならなきゃ。

かろうじて思いとどまる。

のり子も恵里菜のそんな気分の揺れを察知した。

のり子　〈良かったら、また会ってお話ししませんか？〉

恵里菜　〈はい、お願いします〉

恵里菜は再度、対面でのカウンセリングを予約した。

＊＊＊

その日も半休を取った恵里菜は、神宮前にあるのり子のオフィスへと向かう。あたりにはまだ夏の余韻も残っていたが、時折吹いてくる風は秋の気配を思わせた。

もう、夏も終わるんだ。

この半年あまり、恵里菜は季節を感じる余裕もなかったことに気づく。

恵里菜　先日はＬＩＮＥで申し訳ありませんでした。つい、感情的になってしまって。

のり子　大丈夫ですよ。お気持ちはよくわかります。

恵里菜 やっぱり、陽菜には大学へ行って良い会社に入って幸せになってほしいんです。

のり子 幸せになることが必ずしも、良い大学に入って良い会社に就職することではないと思います。

恵里菜 でも、いまは昔のように女性は結婚すれば平穏無事というわけではないですし、自分で生きていく力を身につけなければならないでしょう?

のり子 もちろんそうです。でも、陽菜ちゃんが生きていく道は本人が決めることです。アドバイスまでは良いですが、お母さんが決めることではないと思います。

恵里菜 でも、大学に行かなければ良い仕事だって見つからないと思います。

のり子 そんなことはありません。私の話を聞いてもらっていいですか? 私自身は大学に行って就職しましたけど、就職難の時代だったので大学へ行ったとしても安泰ではないんだなと思いました。

私が最初に就職活動をしたのはメディア系の会社でしたが、ある面接で、みんなと同じようにスーツを着て行ったら、「どうしてみんな同じような格好をしているんですか?」と聞かれ、何も答えられませんでした。そのときから、「自分らしさ」や「得意なこと」が生きるために重要だと思うようになり、その後、自然体で面接を受けた会社に入社しました。いまは自身の経験や強みを活かして、個人で仕事しています。

だから、息子が釣りを始めて、自分のやりたいことがどんどん得意になっていく様子を見て、親としてサポートしてあげたいと思ったんです。

恵里菜 でも、うちの子にはまだやりたいこともないと思うし、やっぱり学校で勉強して見つけていくしかないんじゃないかと。

のり子 少なくとも、転校してもいまの状況が改善されるとは限りません。お母さんが「学校に通わせる」ということ以外の選択肢も含めて、陽菜ちゃんの将来を考えていく必要があると思います。

恵里菜 学校に行かなくても、親が子どもに教えられることはたくさんあります。生きていくには勉強以外にもたくさん大切なことがあると、まずお母さんが気づいてください。

恵里菜 ……。

わが子が生まれたときを思い出してみよう

のり子　ところで、陽菜ちゃんを産んだときのことを思い出してみませんか。その瞬間、どんなことを思いましたか？

恵里菜　この子に幸せになってほしいと願いました。

のり子　そうですよね。でも、先のことよりも、そこにその子の命があるだけで充分だとは思いませんでしたか？

恵里菜　もちろんです。ほんと、生まれてきてくれて嬉しかった……。

恵里菜の瞳が潤んだ。

のり子　はい。そのときの子どもといま目の前にいる子ども。別人ではなく同じ人間なんです。「生きていてくれるだけで充分」というところに立ち戻って、いまできることから始めてみませんか？
陽菜ちゃんの存在そのものを認めてあげる。そして、できる限りサポートしてあ

げる。それができるのは親だけです。できることはたくさんあります。まずはお母さんの心からエゴをなくして、まっすぐな目で陽菜ちゃんを見てあげてください。

恵里菜　それに、陽菜の病気のことも心配で。このまま治らなかったら、どうなってしまうのかと。

のり子　陽菜ちゃんのストレスの原因はいろいろあると思います。思春期真っ只中ですし。悩みも多いし、女の子特有のバイオリズムだってあります。ストレスの原因をすべて突き止めようとしてもキリがないと思います。それらは単なるきっかけに過ぎず、本質的な問題は別のところにあるのかもしれません。

恵里菜 本質的な問題……？

のり子 いまいちばん大切なのは、陽菜ちゃんをきちんと理解してあげることです。彼女がどんなことに興味があるか？　将来について考えていることがあるのならそれは何か？　何をしているときに楽しいか、幸せを感じるか？　そういうことを親子で自然に話せる関係になることが大切だと思います。

恵里菜 でも、私とはなかなか話をしてくれません。

のり子 それは、また学校とか勉強のことを言われると思っているからです。それ以外の会話をしてみたら、陽菜ちゃんの興味も広がって、自ら学びたいことがわかってくるかもしれません。

きっかけは何でもいいんです。たとえば、お祖母さまが料理や掃除をするのを手伝ってみるのもいいでしょう。可能であれば、たまには休みを取って、陽菜ちゃんと小旅行にでも出かけてみたらどうですか？

恵里菜 旅行ですか？

のり子 はい、もちろん体調が許す範囲でですが。ともかく、陽菜ちゃんにやりたいと思うことが見つかったら、プレッシャーをかけずにまずやらせてあげてください。

それで様子を見てみてはどうですか。

そして、そのときに体調の変化もチェックしてみてください。楽しいことをやっているときは、体調不良が改善しているかもしれません。

＊＊＊

ああ、もうこんな時間。今日はお惣菜でも買っていこう。

その後のある日、仕事で遅くなった恵里菜は、夕飯のおかずを買いに近所の惣菜屋へ寄った。

そして、その店のおばさんから意外なことを聞いた。

「陽菜ちゃん、えらいよね。近所の佐藤さんのとこのおじいちゃんを手伝って町のゴミ拾いしてるんだね」

「え？」

「あれ？　知らなかった？」

「ええ。どういうことですか？」

惣菜屋のおばさんが陽菜を見かけたことを説明してくれた。

恵里菜は仕事で一日中出かけているので、佐藤さんのおじいちゃんを知らなかった。

そのおじいちゃんって一体誰？　大丈夫なんだろうか？　まさか変質者じゃないわよね
……。

帰宅し、夕飯の支度をするのももどかしく、勢い込んで陽菜に問いかけた。

「お惣菜屋のおばさんに聞いたんだけど、ゴミ拾いをしてるって……」

「あ、バレた？」

いたずらを見つかった子どものように、陽菜が久しぶりに笑う。

それは3週間ほど前の月曜のことだった。

陽菜は、彼女なりにずっと感じていた。

このままで、いいのかな？

そろそろ、秋が近づいてきていた。


陽菜は、いつものようにコンビニへ出かけた。

そこには抜けるような青空が広がっていた。

陽菜は何となく気分が良くなった。

コンビニからの帰り、近道をしようと普段は通らない路地に入った。

すると、そこに一心不乱にゴミ拾いをしているおじいさんがいた。近所で何度か見かけたことのある人だった。

あ、あのおじいちゃんだ。

ふと見ると、ゴミ袋の底が破けていて、せっかく拾ったゴミがこぼれてしまっていた。

陽菜はちょっと躊躇したが、思いきって声をかけた。

「あの、ゴミが出ちゃってますけど」

「えっ？　あ、ほんとだ。これじゃ、拾ってもしょうがないな」

おじいさんは照れくさそうに笑う。

「お嬢ちゃんは中学生くらいかな？　今日は学校休み？」

「あ、いえ……。いまあんまり学校に行ってなくて……」

「ああ、そうなの」

陽菜は怪訝に思われるかと身構えたが、学校に行ってないと聞いても、おじいちゃんは意にも介さない。そんな大人に会うのは初めてだった。

「ゴミ拾いが仕事なんですか？」

「そういうわけじゃないけど、家にいてもすることなくて暇だし。何かやらないと足腰が弱っちゃうと思ってね」

聞くと、S区はボランティアの清掃活動が盛んなのだという。清掃活動をする人や団体には清掃用具の貸し出しも行っている。ゴミ拾いのボランティアのNPOもあって、たくさんのチームがあるらしかった。

「もっとも、私は個人的に勝手にやってるんだけどね」

そう笑いながら、おじいさんは少し思案顔になったが、こう声をかけてきた。

「もし時間あるなら、一緒にやってみる?」

「え?」

一瞬、戸惑う。

が、ちょっと心惹かれた。

そのおじいちゃんが、写真でしか見たことのない自分の祖父にどこか雰囲気が似ていたからかもしれない。

母からは「お祖父ちゃん、優しかったのよ」と事あるごとに聞かされて育った。

もしかしたら私なんかでも、何かの役に立てるのかな?

その日から陽菜は、週に2回ほど、おじいちゃんのゴミ拾いを手伝うようになった。

祖母にも内緒だった。

「コンビニに行って、帰りにちょっと散歩してくるね」

そう言って出かけた。

ただ、ひとつだけ不安があった。

お手洗いのことだった。

でも、近所を回るだけだし、短い時間なら大丈夫かな。いざとなれば、家に帰ればいいんだし。

それに、街をあちこち歩くまで気づかなかったけれど、最近S区には街中に、世界的に有名な建築家などのクリエイターが設計したらしい斬新なデザインの公衆トイレがいくつかできていた。

何でも、訪日外国人の観光コースにもなっているらしい。

近所にもそんなオシャレな公衆トイレのひとつがあった。

ちょっと、気持ちが楽になった。


今度、ゴミ拾いボランティアのＮＰＯにも顔を出してみようかな。

スマホの外の身近なところにも、実際歩いてみたら、陽菜の知らない世界があった。

陽菜の心の中で何かが弾けた。


「ねえ。今度、ママも行ってみたいな。その人にご挨拶もしたいし」

「……うん、いいよ」


次の休みの日、恵里菜は娘と一緒にゴミ拾いに出かけた。

そのおじいちゃんは、自分の父親に少し似ている気がする。

「娘がすっかりお世話になっているみたいで。ありがとうございます」

「いえいえ、私も助かっていますし、こんな年寄りに付き合ってくれてありがたいですよ。

何しろ家では厄介者扱いなんで。優しくて本当に良いお嬢さんですね」

自分の知らないところで、娘は静かに、そして急速に成長していたのだった。

もしかしたら、陽菜も何かのきっかけを探して、ずっともがいていたのかもしれない。苦しんでいたのは私だけじゃなかった……。

恵里菜は、初めて陽菜の気持ちに思いを致した。

そして、父親に似たそのおじいちゃんを見て、不意に子どもの頃を思い出す。

優しかったお父さん。お父さんが生きている頃は、お母さんも私を可愛がってくれたっけ……。

＊＊＊

その夜、陽菜が寝た後に、恵里菜は久しぶりに母親とゆっくり話をした。

カウンセリングを受けていることも、陽菜がゴミ拾いをしていることも伝えた。驚いていた。

「へえ、陽菜がそんなことを」

「知らなかった？」

「コンビニに行って散歩しているとばかり思ってたわ」

「そのおじいちゃんね、どことなくお父さんに似てるの」

「あら、そうなの？　陽菜も何かを感じたのかしらね」

そして、恵里菜はカウンセラーに言われたことも話した。

「カウンセリングで、『学校に行け』とか『勉強しろ』とか、そんなことばかり厳しく言うのは親のエゴじゃないですかって言われちゃった」

「そうかしら。私たちの時代はそんなの普通だったけどね」

「お母さんは小さい頃から私に厳しかったよね。どうして？」

「それは、あなたに生きていて困らないでほしかったからよ。そんなの決まってるじゃない」

「だけど、私は嫌だった。どうして、そんなにつらく当たるのかって。友だちのお母さんが羨ましかったな」

「それに……」

「それに何？」

「だって、お父さんが早くに死んじゃったでしょう。私以外に、あなたを育てられる人はいなくなっちゃったのよ。もし、あなたが変な道にでも行ってしまったら、私の責任じゃない」

「そうか。私もシングルマザーになったときから、陽菜のことは全部自分が背負わなきゃって思ってきた」

「でしょう？」

「でもね、親だからといって、子どもの人生なんか決められないし、全部は引き受けられないのよね。私だって先にいなくなっちゃうんだし」

「それはそうだけど……」

「ねえお母さん、私が生まれたとき、どう思った？」

「神様に感謝したわ。この子がずっと元気で幸せに生きていけますようにって、毎日それだけを願ってた」

「私のこと……大事に思ってくれてたんだね」

「当たり前でしょう。何を言ってるのよ、いまさら」

それきり、2人は黙ったままだった。

母娘それぞれが自分の思いを巡らせていた。

恵里菜はふと思い当たる。

母があんなに厳しかったのは、もしかして愛情の裏返しだった？　あの頃、何となく母は私のことが嫌いなんだと思ってた。それで私がどれだけ悩んだか……。ずっと許せなかった。でも、たとえ親子だって、ちゃんと話してみないと本当のところはわからないのよね。

そしてまた、陽菜を思う。

恵里菜の心の中にも、少しずつ余裕が生まれてきていた。

＊＊＊

陽菜は、ゴミ拾いのボランティアを続けていた。

こんなにひとつのことを続けるのは初めてかもしれない。

陽菜にとって、いまやゴミ拾いは家でも学校でもない、居心地の良い場所になっていた。

自分とははるかに年齢の違う大人と話すのも気が楽だった。ゴミ拾いのおじいさんは「学校は?」などと余計なことは何も聞かなかった。

陽菜は前より口数が増え、心なしか表情も明るくなってきていた。

友だちともＬＩＮＥでゴミ拾いのことを話しているようだった。

「えー、陽菜が！　ってびっくりされちゃった」と笑っていた。

体調も良さそうだ。思いきって外へ出かけてみたのが良かったのだろうか。「お腹が痛い」という日は少なくなり、お手洗いに行く回数もずいぶん減っていた。

そんな陽菜を見て、恵里菜は思った。

小さな一歩。だけど、あの子はいまの自分の居場所を見つけたのかもしれない。

ただ、学校へはまだ行けない。

そのことはまだ恵里菜の頭のどこかで引っかかっている。

でも、もう焦るのはやめよう。まだ中2なんだもの。しばらくは黙って陽菜を見守っていてあげよう。陽菜も私も、いまできることをすればいい。

ある日曜の朝、陽菜が珍しく早く起きてきた。

「おはよう！　今日は少し、朝ご飯食べられそう？」

「うーん、少しなら」

「良かった。すぐ作るわね」

朝食の用意をしながら、台所から明るい口調で声をかける。

「ねえ、陽菜、今度ママにＴｉｋＴｏｋ教えてくれない？　この間、ママもアカウント登録してみたの」

「へえーっ？　びっくり！　オバサンはフェイスブックだけなんだと思ってた」

「オバサンって……。この間、あのＫ－ＰＯＰの、陽菜がよく見ているのチェックしてみたわよ。けっこう面白いね」

「ほんと？　ママにわかるの？」

「ねえ、ママ……私、そのうち韓国に留学してみたいな」

「えっ！　何で急に？」

突然、何を言い出すのかと恵里菜は怪訝な顔になる。

「ＴｉｋＴｏｋ見てるうち、何となく韓国の女の子のメイクとか食べ物とかもっと知りたいって思うようになったんだ。何か面白そう」

話を聞くと、韓国の小説や文化などにも興味が出てきたらしい。

ママには内緒にしていたが、陽菜はオンラインで韓国の女の子と会話の勉強も始めていた。

一方、恵里菜も、ＴｉｋＴｏｋを見るようになり、ひそかに韓国語の勉強を始めていた。

会社の化粧品を韓国に輸出してみてはどうかと考えたのだ。

上司に相談したら、思いのほか良い反応で、感謝までされた。

総合職もいいかも。私の人生だってまだまだ続くんだし。

娘と共通の興味の対象ができたことも嬉しかった。

陽菜と一緒に居られるこの時間を大切にしよう。

恵里菜は素直にそう思った。

ふと、思いついた。われながら、「いいアイデアかも」と悦に入った。

すぐに留学は無理だから、まずは陽菜と韓国旅行でもしてみようか。でも、お祖母ちゃんにまた怒られるかな……。

「……陽菜、そのうちママと2人で韓国へ旅行に行かない？　2泊3日くらいなら仕事休めると思うから。もちろん、体調次第だけど」

「えーっ、ママとぉ？　嫌だー。どうせ行くなら、友だちと一緒がいい」

「えー！　ママはお留守番？」

「ママはお祖母ちゃんと温泉にでも行けば？　たまには娘から解放されて、親子水入らずで楽しんで来ればいいんじゃない」

「もう、そんな生意気言って……」

韓国旅行はもう少し先の楽しみにとっておこう。そのときは、母と娘、長年の友だちの

ように何でも気軽に話したりできるようになっているだろうか？

台風がひとつ去ったときの澄んだ空気のように、恵里菜はスッキリとした気持ちでいた。きっとこれからも、いろいろあるんだろうな。でも……。

親が気づかないうちに世界を広げ、少しずつ自分の意思で歩き始めた娘の笑顔を見つめながら、恵里菜はいまここにある幸せを感じていた。

第 2 部

陽菜と恵里菜の物語

まとめ

① 決めつけで言う発言や小言をやめて、子どもの様子を見た

② 観察日記をつけることで、子どもを客観的に見るようにした

③ 必要があれば食生活を見直し、改善した

④ 子どもの興味に寄り添い、一緒にその世界を体験してみた

⑤ 世の中の「普通」に執着せず、親のエゴに気づいた

Interview

浅沼欽哉さん

弁慶フィッシングクラブ代表

私の息子は小学校高学年から中学にかけて不登校でした。

中学の3年間で登校したのはわずか7日くらいです。本人の意思で、高校へは進学しませんでした。

そんな息子が自分の才能を見つけるきっかけになったのが、バスフィッシングとの出会いでした。

バスフィッシングは、ブラックバスと呼ばれる魚を、ルアー（疑似餌）を使って釣るアウトドアアクティビティです。

本場アメリカではゲーム性の高いスポーツとして多くの人が楽しんでいますが、日本でも人気です。東京都内でも、赤坂近くにある「弁慶橋ボート場（弁慶フィッシングクラブ）」は25年ほど前から大都会で釣りができる憩いの場として多くの人から親しまれてきました。

この弁慶フィッシングクラブで、息子は小学校を卒業した春休みにバスフィッシングを始め、その楽しさにすっかり魅了されました。

19歳になった息子はいま、某有名釣り具メーカー、バスフィッシングのアパレルブランド、港区にあるソフトウェア企業の3社と契約。本拠地を琵琶湖に移して釣りの探究をしています。

当時の出来事について、私たち親子が大変お世話になった弁慶フィッシングクラブ代表・浅沼欽哉さんに息子との5年間についてお話を伺いました。

バス釣りで自分の〝才能〟に出会う

石橋　私たち親子が一緒に弁慶フィッシングクラブに伺ったのは、息子が小学校低学年の頃、金魚釣りをしたときでした。

浅沼　そうでしたね。

石橋　冬で寒かったので、私は「寒いから帰ろう」と言っていたのですが、息子はなかなか帰りたがらなかった。小さい頃から、お祭りの金魚釣りなんかもうまくて、出店の人に「この子は魚の気持ちがわかるんじゃないか」などと言われていました。

浅沼　才能なんでしょうね。

石橋　本格的に行き始めたのは中学1年になる春休みで、初めて自力で良型のバスを釣り上げました。それは息子にとって記念すべき日になったようです。それ以降、体調が良ければ毎日のように通っていました。

浅沼　いま思い返すと、その頃から釣りのセンスというか、何か彼独特のものを持っていました。だから、めきめき上達していきました。

石橋　弁慶橋ボート場で毎年夏に行われる

弁慶フィッシングクラブ主催ルアー釣り大会に初めて出させていただいたのが、中1のときでした。出場した予選で5位に入賞することができました。

浅沼　予選は夏のチャンピオンシップ大会へ向けて、春から5回の予選を行います。1回の予選の参加者は30名前後です。

石橋　バスにヒットした拍子にバランスを崩してボートから落水しても釣っていました。水泳やってたから巻き足で。その後もよく着替えを持って行きました（笑）。それも良い思い出です。

学校に行けと説教する大人はいなかった

石橋　当時、息子はほぼ毎日通っていたわけですから、学校へ行っていないことはおわかりになったと思いますが、そんな会話をされたことはあったのでしょうか？

浅沼　どうだったか……。詳しくは忘れてしまいましたが、毎日来ていればいろいろな話をしますから、最初の頃は「学校、行かないの？」みたいな気軽なやり取りはしていたと思います。朝が苦手とか、体が動かないなど、体調不良のことも聞いたような気がします。

石橋　持病がありましたから。

浅沼　そうですよね。実は私も小さい頃そうだったんですよ、朝が起きられないとか。

石橋　ええ。後に息子から聞きました。

浅沼　当時は起立性調節障害という病名もありませんでしたし、かかりつけの医者によく怒られました。「何を言ってんだ！」と。

石橋　怠け病みたいに。

浅沼　そう。あの時代はとくにそう言われがちでした。「柔道でもやれ」「空手でもやれ」

と、そういう世界。

石橋　その頃はとくにそう言われがちですよね。昭和感というか。気合い入れていけ、みたいな。

浅沼　学校の先生から、私の母親も「大事に育てすぎなんですよ、あなたは」と怒られたりしました。だから、いまは起立性調節障害など不登校と関連のある診断名ができたので良かったと思います。

石橋　良かったかどうかはわかりませんが、診断名があるので学校の先生に説明しやすかったのは事実です。それでも、周囲からいろいろ言われることはありました。ところで、ご自身も体調が悪かったご経験を息子にも話してくださったとき、息子の反応はどんな感じでした？

浅沼　「あ、そうなんすか」みたいな（笑）。

石橋　ごめんなさい、そういうキャラで（笑）。でも息子は、気持ちをわかってくれる人に会えて良かったと思います。

年代を超えた大人たちとの交流

浅沼　「釣りなんか来ないで学校に行きなさい」と言う大人がいてもおかしくない世の中なので、息子さん、そこは救われていたかもしれませんね。

石橋　釣りにいらしてる他の常連さんは息子をどのように見ていたのでしょう？

浅沼　お客さんはただただ羨ましがっていました。「いいいな。毎日、来れるのか」「それじゃ、上達するはずだよな。勝てないよ、彼には」と(笑)。皆さん、釣り人ですから。

石橋　共通の趣味の仲間というスタンスで接してくれていたんですね。

浅沼　うちのスタッフにしても、昔みたいに「何だ、あいつは？」という目で見る人はいませんでした。

石橋　時代もあると思いますが、そういった心の距離感がありがたかったです。

浅沼　学校に行けないことが話題になれば応えますけど、あえてこちらから問うことは一切しませんでした。

石橋　浅沼代表の心配りを当時も感じていました。

浅沼　それと、息子さんは人がたくさんいる場所も苦手でしたよね。

石橋　そうです。いまはだいぶ慣れてきましたが、人混みがやっぱり苦手で。学校って、ある意味で人混みじゃないですか。でも、釣りのときはそれに集中しますから、さほど気にならなかったのかもしれません。ただ、チャンピオンシップ大会のときは朝、並ぶじゃないですか。並んでいるとどうしても隣の人たちとの会話が生まれます。だから、早く行ってもギリギリまで並ばずに、息子の好きな曲を聴きながら周辺を車でドライブして、時間をつぶしていました。

浅沼　そうだったんですか。

石橋　ええ、大会の日はとくに、集中力を保つことが大切ですから。私はアスリートを支えるマネージャーみたいに。

浅沼　私が彼から聞いたのは電車が駄目だということ。あと、デパートなど人が密集してぐちゃぐちゃしているところが苦手だと言ってました。それも小さい頃の私と同じなんです。

石橋　そういう繊細な体質を持った人は、苦手なものに対する反応がそれぞれいろいろな形で出てきます。不特定多数のざわざわした中にいると不安になってしまったり、匂いに敏感になってしまったり。不登校の子の場合、そういったいろいろな理由も重なって学校へ行きにくくなってしまうということがあります。

浅沼　そうだと思います。

石橋　当時、弁慶フィッシングクラブに通っているお子さんもいらっしゃいましたよね？

浅沼　週1くらいで来ている人はけっこういました。息子さんと同年代の子もいましたよ。

石橋　そういうお子さんとの会話はあったん

ですか？

浅沼　同年代の子とのコミュニケーションはあまり多くなかったような気がします。

石橋　そうですね。クラブにいらっしゃるお客さんは年上がほとんどですし。

浅沼　だから、そういう年上の人たちとのコミュニケーションのほうが多かったのかなと思います。

石橋　割とそうでした。そのほうがたぶん話も面白いし。

浅沼　釣りの話も詳しくできるし、息子さんは大人といることが快適だったのだと思います。

石橋　年代を超えた人たちとの交流があったのは息子にとって良かったと思います。大人の方は社会経験があるし、それぞれの事情に変に踏み込んでこない。息子はそういう大人の気遣いを感じながら、お付き合いさせていただいていたのでしょう。

浅沼　同世代の子だと、ある程度仲良くなると自我が出てきてぶつかり合ったりする。そういうのがたぶん嫌いなんだと。

石橋　嫌いというか、そういう煩わしい感情が、釣りに集中するには邪魔だったんじゃないかと思います。たぶん大人の方とも全員とは仲良くなってはいないと思いますし、人も場所も含めて、自分の気が散るような環境を選ばないというところがあるのでしょう。ただ、依頼があって、年下の子たちに釣りを教えていたことはありました。

浅沼　息子さんは、中学の3年間と高校1～2年の5年間、ずっと通ってきてくれました。それはとても嬉しかったですよ。

心安らぐサードプレイス

石橋　中学3年のとき、チャンピオンシップ大会で結果を出すことができたのも、息子にとって大きな自信になったようです。

浅沼　史上最年少でチャンピオンシップ初優勝をして、そこから3連覇を達成しました。3回連続優勝するとレジェンドという称号が与えられるんです。彼は2人目のレジェンドです。実は決勝大会で優勝した人は1年間、釣り料金がかからないんですよ。

石橋　そうそう。息子は3回優勝したのでフリーパスをたくさん持たせていただきました。

浅沼　だから、もうお客さんじゃないんですよ（笑）。

石橋　全然、お金を払っていない。申し訳ないなと。

浅沼　いいんです、実力だから。すごく苦労して勝ち取ったんです。3回目の優勝のときは、彼、泣いていましたよね。

石橋　思い出します。私も号泣。

浅沼　重圧と喜びが複雑に絡み合って。

石橋　はい、あの重圧の中、よく結果を出せたなと。弁慶フィッシングクラブは息子にとって、たくさんのことを学び、成長するきっかけとなった場所でした。

浅沼　うちのクラブの歴史は古くて、1948年にボートハウスとして開業し、1999年から釣り場としての営業を始めました。いまから15～16年前には、マニアばかりではなく一般の方でも楽しめるように釣り堀などを増設しました。最近は、お子さんやインバウンドの方、日本在住の外国人など、いろいろなお客さんが来てくださいます。

石橋　都会の真ん中にありますが、いろいろな事情がある方にとっても心落ち着ける場所ではないかと思います。

浅沼　まさにそうだと思います。心が安らぐというか自由になれるというか、そういう場所なのでしょう。

石橋　そうですね。息子にとってリラックスできる場所にもなっていました。弁慶フィッシングクラブでいろいろな方と話せたり出会えたりしたことも息子の人生の糧になっています。親としてもこういう場所があって本当に良かったと思います。感謝しています。

浅沼　とんでもありません。でも、息子さんはよく釣り自体を飽きなかったなと思います。根っから好きなんでしょうね。

石橋　「釣れなくても楽しい」と言ってました。私も「今日は釣れたの？」などと聞かないようにしていました。向こうが話したいときだけ、「あ、そうなんだ」とさりげなく耳を傾けるようにしていました。

浅沼　それは大事ですよね。

石橋　弁慶フィッシングクラブはあくまでも息子の場所、息子の世界ですから。

浅沼　たとえば、サラリーマンで仕事に疲れて来るような方もたくさんいます。誰でも生きていればいろいろな苦労があります。そういう方々にとってのオアシスであればいい。定期的にいらして、ボートに乗って世間から離れて1人になって、自然を相手に純粋に楽しむ人も少なくありません。「ずいぶんお世話になりました」と言ってくださる方は何人もいます。

石橋　セラピーというか、癒しになっているのだと思います。

浅沼　不登校の子に限らず、お客さんの中にはいろいろな事情や立場、状況を抱えている人もたくさんいると思います。

石橋　弁慶フィッシングクラブはそういった方々にとって、家でも学校でも職場でもない居心地の良い場所になっているのでしょうね。今日はいろいろと貴重なお話を聞かせていただき、本当にありがとうございました。

Interview

板垣純子先生

中学校の担任教諭

私の息子が不登校になったきっかけは起立性調節障害（OD）でした。そのことがわかってから、親の私に何ができるのかという模索の日々が始まりました。

まずは診断書を持って、学校の校長先生や担任の先生に事情を説明しに行きました。その後も、息子の様子の報告と、配布されたプリントなどを受け取るため月に1、2回は学校へ足を運びました。

このように、普通の状況よりも先生と密にコミュニケーションをとる機会が多かったので、お互いの信頼関係が深まったと思います。

私たち親子にとって何よりも大きな救いになったのは、事情を理解した先生方が「学校に来ることをゴールにしなくていい」と言ってくださったことでした。

そして、担任の先生は弁慶フィッシングクラブにまで様子を見に来てくださいました。先生や周囲の方々は息子にプレッシャーをかけずに見守ってくださいました。私たち親子は本当に恵まれていたと思います。

こうした体験を通して、私が不登校の子を持つ親として何とかやってこれたのは、「周囲の理解」があったからだということに改めて気づかされました。

渋谷区立上原中学校で2、3年時の担任だった板垣純子先生に、当時のことを振り返っていただくとともに、国や東京都などの不登校への新たな取り組みについてもお話ししていただきました。

生徒が頑張っている姿を見たかった

石橋　板垣先生はいま、世田谷区立教育総合センターにお勤めですが、どのようなお仕事をされているのでしょうか？

板垣　世田谷区立教育総合センターでは、不登校や特別支援教育などを含むさまざまな教育相談を総合的に受け、支援をしています。ほかには親子のワークショップや教師の研修を行っており、不登校児童・生徒のための心の居場所「ほっとスクール」を世田谷区内3か所で運営しています。私自身は現在、教育研究・ICT推進課で、指導主事として学校をサポートするさまざまな業務を行っています。

石橋　かつて上原中学校へ赴任された経緯を教えてください。

板垣　東京都の公立小・中学校教員は区部と市部を経験することになっており、だいたい6年ごとに異動があります。私は江東区、町田市での勤務を経て、渋谷区立上原中学校に赴任しました。渋谷区や世田谷区などはコミュニティ・スクール（地域運営学校）が設置されていて、渋谷区はＩＣＴ教育にも積極的に取り組んでいるということで教員公募に応募し、幸運にも配属されました。

石橋　私と息子が板垣先生にお会いしたのは上原中学校の1年生のときでした。部活で入った水泳部の顧問を板垣先生が務めていらして。ただ、息子は都大会に出た後にＯＤが悪化して、それから学校へ行けなくなり、水泳部も退部することになりました。

板垣　東京都の水泳大会は辰巳国際水泳場という大きな会場で行われるんですよね。大人向けなので飛び込み台も高く、普通は怖くて飛び込めない。

石橋　息子の出番はお昼過ぎでした。朝だったら棄権だったと思います。ＯＤでその日も朝は起きられませんでしたから。

板垣　本当によく来られましたよね。

石橋　練習にはあまり行かれませんでしたが。

板垣　でも、大会に来てくれたからとても印象に残っています。大会には基準のタイムをクリアすれば出場できます。1年生でしたが、彼にはその力がありました。その後、私は2年生から彼の担任を受け持つことになりました。

石橋　3年生のときにはわざわざ弁慶フィッシングクラブにまで来ていただいたので、とても驚きました。

板垣　私としては普通のことだったのですが、他の先生からすると「え？」という感じだったかもしれません。

石橋　そうだと思います。

板垣　当時から彼には「自分自身で生きる力」があったし、お母さんからも聞いていたので、頑張っている姿を写真とかではなく実際に見たいと思ったのです。不登校の子でもいろいろなパターンがありますが、彼は学校という「場所」に入るのがちょっと厳しかったんですよね。幸い、渋谷区ではタブレット端末を使って学校行事などにも参加することができます。当時の校長先生や学年主任の先生なども、個々の事情に応じてWeb会議ツールのTeamsなどで本人や家庭と連絡をとることに賛成してくださいました。弁慶フィッシングクラブと学校の職員室をTeamsでつないだこともありました。あれは面白かった。

石橋　先生方のご理解がとてもありがたかったです。

板垣　弁慶フィッシングクラブへ直接出向い

たのは、進路について話すための三者面談の意味合いもあり、夏と冬の2回ほど行ったと記憶しています。

石橋　息子の場合、周りとは別の意味で進路はすでに決めてしまっていて。

板垣　そう、ある意味、決まっていた。

子どもの可能性を信じて応援する

石橋　「学校へはもう行かない」と、それが息子の決断でした。

板垣　でも、そこへ至るまでに、本人とお母さんがしっかり話をされていました。私は「本当にいいんだね？」と確認し、あとは応援するのみだと思いました。そこまで決めている子は少ないし、それを受け入れてサポートしようというお母さんも立派です。子どもの選択を尊重して、その可能性を信じて応援することに徹する保護者はそうそういません。ほとんどの親御さんは子どもの進路への不安で押しつぶされてしまいます。相談に来られて、私の前でわんわん泣いてしまうお母さんもいます。

石橋　そうなんですね。

板垣　ご家庭の中で意見が合わないケースもよくあります。本人とお母さんはこういう方向でと決めていても、お父さんには言えないとか。子どものやりたいことを理解して、そのことを家族も共有しているというケースは少ないのかもしれません。

石橋　中学に入ったばかりの頃は体調が悪いのに無理に学校へ行かそうとして息子に申し訳ないことをしましたが、その後、考え方が変わり、息子が中1のときの母の日に「私、今日でお母さんを引退する。マネージャーみたいになるわ」と言いました。すでにバス釣りを始めていましたから、私は連絡係や運転手などに徹しました。その流れで息子との信頼関係ができていったと思います。

板垣　お子さんの選択を全面的に受け入れて、マネージャーという形で彼をちゃんとサポートすることを決断したわけですよね。多感な時期に自分と密接に関わってくれたことが、彼にとってはありがたかっただろうし、すごく力になったと思います。不登校だけに限りません。登校していても、思春期、反抗期で全然話をしてくれないと悩む親御さんもたくさんいます。でも、中学生ともなれば、子どもと一緒にいられる時間はもう限られているんですよね。

石橋　本当にそうなんですよね。

板垣　せいぜいあと数年かもしれない。だから、その時期に正面から向き合ってくれたということを、息子さんは一生覚えていると思います。

石橋　ありがとうございます。代弁していただいて。

板垣　ご家庭によっていろいろな関係性があります。石橋家の場合は子どものやりたいことがはっきりしていて、親は子どもを信じることができたということです。

自立して生きる力を育む「キャリア教育」

石橋　早くに人生の目標を見つけることができた息子は幸せだと思います。

板垣　文部科学省では小学6年生と中学3年生を対象に「全国学力・学習状況調査」を実施していますが、それによると、世田谷区の子どもは、学習能力は全国平均よりも高い。ところが、質問紙調査の「将来の夢や目標を持っていますか」とか「学習した内容が、将来、社会に出て役に立つと思いますか」という項目への肯定的な回答は全国や東京都全体の平均を下回っています。つまり、いま学習していることが自分の将来につながっているとは感じられないのだと思います。

石橋　イメージが湧かないのでしょうね。

板垣　現在、世田谷区教育委員会では「キャリア・未来デザイン教育」と「せたがや探究

板垣　私が教員になった頃は、まずは学習を教え込むことが重視されていましたが、いまは子どもの可能性を広げる、将来にわたって学べる人になる、幸せになるための力を育てるといった方向にシフトしてきています。

石橋　それは素晴らしいことですね。

板垣　石橋家の場合、まさにキャリア教育を家庭でしていた。それはとても大切なことだと思います。以前は、キャリア教育は進路指導として行われていました。

石橋　キャリア教育という言葉が自分のイメージしていることと違っていました。職業教育ではなく、幼児期から将来を見据えた教育をするということなんですね。

板垣　そうしたキャリア教育の一環として、「的な学び」というものを推進していて、子どもたちが学ぶことと人生や社会とのつながりを実感しながら、主体的に学ぶために必要な能力を育てることを目指しています。渋谷区でも同様に、『探究「シブヤ未来科」』と銘打った探究学習の取り組みがスタートしました。このように、将来につながるような学習の仕方を強化するという方向に、いま教育の質がどんどん転換していっています。

石橋　学校教育も大きく変化してきているんですね。

板垣　たとえば、小学校低学年から全教科を通してキャリア教育※と関連づける学習を多く行っています。

石橋　私も学び直してみたいくらいです。

数年前から「キャリア・パスポート」というものを作るようになっています。これは、子どもたちが係や行事の体験を通じて自分の頑張りや成長を振り返り、やってきたことを自分で確認できる記録です。

石橋　自分で振り返るということは、将来につながっていくとても大切なことだと思います。この「将来」は子どもの人生のことですが、親、とくに母親の頭の中にある「将来」は、進学のこと。子どもが不登校ということに限らず、母親は不安をあおられる状況にたくさん直面します。

板垣　普通は目の前のことしか見えなくなり、その波に飲み込まれてしまいます。

石橋　私の子育て方針として、「体験から学ぶ」「必要な知識は自分で補充する」ことを大切にしてきました。あと、シングルマザーだということもありますが、自分が死んでも生きていける子を育てようと思ってきました。

板垣　究極のところ、みんなそう。自立して生きていくこと。令和4年から高校では「総合的な探究の時間」が必修化されましたが、彼は「探究」の授業をずっと1人で続けていたんだと思います。自分でテーマを決めて、それをどういうプロセスを踏んで探究していくかも自分で考える。それができるお子さんは強いと思います。これはいま、社会が求めていることでもあります。

石橋　たしかに、息子から探究への意思が強く伝わってきました。それを私の中途半端な気持ちで邪魔したくはなかった。だから、自分にできるサポートは何かをずっと考えてきたんです。

板垣　保護者として達観の境地だと思います。すごいから、逆に私のほうが不安になりました。「ほんとに大丈夫?」と（笑）。

石橋　親である私の覚悟が決まると、息子はさらに釣りの探究に集中し、サポートしてくださる方も増え、自分の決断に自信を持つことができました。

板垣　探究的な学びは社会に出てからも必要なことです。うまくいかなければ、どうすればうまくいくか自分でそのつど考えて試行錯誤を重ねてアプローチを変えていく。そういう力が求められています。まさに生涯教育で、学びたいときに学べばいいんです。べつに焦らなくてもいい。人生、長いんですから。

※キャリア教育
ここでいう「キャリア」とは、〈人が生涯の中で様々な役割を果たす過程で、自らの役割の価値や自分との関係を見いだしていく連なりや積み重ね〉。「キャリア教育」は、〈一人ひとりの社会的・職業的自立に向け、必要な基盤となる能力や態度を育てることを通して、キャリア発達を促す教育〉を指す。（文部科学省）

行政も始めているサードプレイスの提供

石橋　世田谷区などでいま行われている不登校児童・生徒への支援としては他にどのようなものがありますか?

板垣　いろいろあります。ひとつはオンラインによる支援です。たとえば、「ほっとルームせたがYah! オンライン」という事業があります。学年ごとに動画などによる授業を受けることができる学習支援、スタッフや参加者同士がコミュニケーションをとりながらゲームなどを楽しめる居場所支援などを行っています。

石橋　家でも学校でもないサードプレイスの提供ですね。

板垣　そうです。それから、世田谷区では学びの多様化学校（不登校特例校）分教室「ねいろ」を開設しています。正規の教職員やスクールカウンセラー、サポートスタッフなどがいて、不登校経験のある子どもたちが学校生活のリスタートができる学校です。不登校

だけれど他の学校なら行けるという子が転校という形をとって学習します。不登校の子に応じた特別の教育課程を編成し、一人ひとりのチャレンジ意欲や個性・能力を伸ばす教育を行います。

石橋　いろいろな試みがすでに始まっているんですね。

板垣　不登校の子たちが過ごしやすい環境を提供して、その子たちをしっかりサポートしていこうということで行政としての動きも加速しています。

石橋　ただ、いちばん大切なのは本人がどうしたいかということですよね。

板垣　そうですね。それに、お子さんの状況にもよります。家から出られないという子もいますし。小学生ならともかく、中学生ともなると大きいので行かせようと思っても、押しても引いても動きませんから。

石橋　息子も体調悪くて、そうでした。

板垣　本人がその気になるまで待つしかありません。

石橋　いろいろな選択肢があっても、親が無理やり行かせようとするのは、親としての実体験から、違うと思いました。ただ、親御さんはさまざまな相談窓口やどのような選択肢があるかを情報として知っておいたほうがいいと思います。いずれにしても、ゴールは再登校だけではないということですね。

板垣　本人がどうしたいのかをじっくり考えることが必要です。

石橋　あとは、子どもを信じてサポートすること。

親の幸せは？　子どもの幸せは？

板垣　第一に考えてほしいのは、本人にとっての幸せです。それはお母さんの幸せとは別です。

石橋　はい、全然別です。

板垣　親子といっても、子どもは自立した個人です。その子自身が幸せに生きていくことが本当の意味での親の幸せにもつながります。

石橋　子どもに学校へ行ってほしいのは自分が安心したいから。そういうお母さんが多いですよね。

板垣　お母さんは安心だけど、子どもにとってはそれがすごくつらいかもしれません。本人の幸せのために――それが出発点です。話は少し違いますが、私は3年生の担任だったときに、卒業後に連絡先を教えていました。「何か相談事があったらいつでも連絡してね」と。実際に卒業生がLINEで連絡してきて、その後に直接会って話すこともあります。

石橋　すごいですね。

板垣　ある子から、卒業して4～5年後に突然LINEが来たんです。「いまでも有効ですか？」って。優秀な子で、大学に進んだもののの、これからどうすればいいかわからなくなったらしいんです。それまでは学校で勉強していれば良かった。でも、周りはみんな就活してるのに、自分は進みたい道が見つからずに焦っていました。でも、何もやらないのも嫌だからと何かの資格の勉強を始めたそうです。でも、その勉強にも身が入らなくて、とうとうお母さんを泣かせてしまったんです、と。

石橋　お母さん、泣いてしまうんですね。

板垣　泣くのも悪いことではないとは思います。高校までは母親の希望通りのコースを歩んできたので、お母さんにとってはわが子が道に迷ってしまうというのは初めての経験だったわけですから。優秀で何の問題もなく進んで行ったとしても、あとになって壁に突き当たる子もいる。遅かれ早かれ、自分の幸せを見つけようとみんな悩む時期が来るんです。

自宅での卒業式は「親の卒業式」でもあった

石橋　息子のことでいまも本当に感謝していることがあります。校長先生と学年主任の先生、板垣先生に自宅まで来ていただき、息子の卒業式をしてくださったことです。

板垣　事情があって、全体の式には参加できないという子はけっこういます。校長室で第2部、第3部の卒業式をすることもありました。そこで個別に校長先生からの祝辞があったり、全体の卒業式と同じことをやるんです。学校に来られない子の場合は、「では、ご自宅で卒業式やりますか」と。

石橋　そう提案されて本当にびっくりしました。急いでスリッパを買いに行きました(笑)。

板垣　石橋家はまたすごくて、卒業式のための会場を準備してくれましたよね。卒業式仕様にセッティングされたお宅に伺ったのは初めてでした。

石橋　校長先生はじめ、まさかお越しいただけるとは思わなくて。

板垣　校長はフットワークが軽くて柔軟な考え方でした。学校とＴｅａｍｓでつないで卒業式をするという手もあったんですが、「せっかくなら家に行って直接卒業証書を渡そう」ということになり、実際の卒業式と同じ式次第で行いました。本当に良い式でした。

石橋　「人生でこんな予期せぬ嬉しい瞬間があるなんて」と感極まりました。中学卒業は母親としての一区切りでもあり、自宅で行ってくださった卒業式は、私にとっての「親の卒業式」でもあったと思います。

板垣　息子さんは、お母さんのことも含めて私にとって忘れられない卒業生の1人です。私が教員を続けていくときにも、こういうケースがあったということは一生心に刻んでいたい、良い経験でした。

石橋　先生にそのように言っていただけるなんて、本当に光栄です。今日は当時の記憶がたくさん蘇りました。貴重なお話を聞かせていただき、ありがとうございました。

おわりに

私が息子と別に暮らすようになってから、「寂しくない？」と何人に聞かれたでしょうか……。

私は息子が引っ越す前に先に自分の新居に引っ越して、息子の一人暮らしの練習期間を半年設けました。そのおかげか、息子は他県で生活してもそれほど困った様子もなく、料理もするようになったり、できることがたくさん増えていきました。

先に引っ越した私は「寂しい」というより、息子のご飯を気にしないで生活することが産んでから初めてだったので、それがまず慣れませんでした。親がいると家事をやらないのはみんな割とそうだと思うし、私はあえて物理的な距離を置き、様子を見ていました。

何か用事があれば息子からＬＩＮＥをしてくるし、ＳＮＳの投稿で〝生存確認〟しています。なので、こちらから連絡することは少ないです。

物理的距離が離れても、信頼関係があるので、寂しいと感じたのは最初の1週間くらいでした。いまはたまに私が息子の家に行ったり、息子が東京に帰ってくるときに一緒に食事をしたりする楽しみができました。

常に一緒にいなくても、お互いがやりたいことを思いきりできる環境に身を置き、元気な様子がわかれば充分、私はそう思っています。

息子は自立することで、私に「時間」というプレゼントをくれたんだ、と気づきました。私は仕事の時間が増え、いまはラジオ番組のMCを担当したり、この本を書いたりと、新たなチャレンジをしています。

お互いの自由を尊重でき、本当に幸せな親子関係だと感じています。

もし息子が「不登校」にならなかったら、どんな人生になったかを想像しようとしたこともあります。しかし私はもはや、想像することはできませんでした。

この状況を理解してくださった学校の先生方、持病があってもギリギリまで通っていたバスケットボール・水泳・ジャズ（コルネット）・学習塾の指導者の皆様、息子が釣りを始めて弁慶フィッシングクラブで出会った皆様、釣りメーカー・アパレル・プロ・その他スポンサー関係者の皆様、米国でのフィッシングトリップで出会った皆様、琵琶湖でお世話になっている皆様、息子の活動を応援してくださっている皆様……。

これらの方々に出会えたことは、息子にとっても私にとっても、人生の財産です。

「不登校」でもやりたいことを選び、肯定的に日々を送ることができたのは、皆様の存在があってのこと。感謝しかありません。

そして、息子から親の私が気づかされたのは、「自分の頭で考えることの大切さ」。

これは、息子が弁慶で釣りを教えていたときに子どもたちや保護者の方に伝えていたことでした。何かを学んでそれで終わり、ではなく自分の頭でしっかりと考え、解釈する。

息子はその大切さを伝えていました。

「不登校ってダメなこと？」

私はダメなことではないと、改めて思います。

もちろんそれは、その子による。ご家庭にもよる。ただ、親や周りの大人が固定観念やエゴで、最初から「ダメである」と決めつけるのはどうかと思います。

学びは学校がすべてではないし、私たちが住んでいるこの世界は思っている以上に広く、学ぶ場所も実はたくさんあります。

そして、子育ては、「不登校」でなくても、大変なことが起きます。子どもがどの道に進んだって、そういうことは何かしら出てきます。

なので、親は子どもが大変なことに遭遇しても前に進んで行ける「力」を持っていることを、信じてみるのはいかがでしょうか。

必要な情報やサポートをするのはもちろん良いですが、その子が自分の頭で考え、成長する姿を一歩引いて見守ってみるのも大切です。

この本に関わってくださったすべての皆様にも感謝を伝えたいです。現代書林の松島社長、藤原さん、山田さん、編集協力の嶋さん、成瀬さん、イラストレーターのスギザキさん、デザイナーの市川さん、フォトグラファーの藤田さん。インタビューにご協力いただいた弁慶フィッシングクラブの浅沼代表、世田谷区教育委員会事務局の板垣先生。

そして、わが息子。私を親に選んでくれて、ありがとう。

息子と私のことを、ずっと見守ってくれている母にもありがとう。

最後に、不登校や子育て全般で悩んでいらっしゃる方々のご健康とご多幸を、心よりお祈り申し上げます。

カウンセラー　石橋典子

2025年1月

不登校(ふとうこう)ってダメなこと？

2025年2月28日　初版第1刷

著　者――――――石橋典子(いしばしのりこ)
発行者――――――松島一樹
発行所――――――現代書林
〒162-0053　東京都新宿区原町3-61　桂ビル
TEL／代表　03(3205)8384
振替00140-7-42905
http://www.gendaishorin.co.jp/

デザイン――――――市川さつき
イラスト――――――スギザキメグミ
図　　版――――――松尾容巳子
写真撮影――――――藤田正人（178ページ、179ページ、180ページ、184ページ、186ページ）

印刷・製本　㈱シナノパブリッシングプレス
乱丁・落丁本はお取り替えいたします。

定価はカバーに表示してあります。

ISBN978-4-7745-2031-5　C0037